De collectie

In deze debuutbundel neemt *Rode Vos Rent: Gedichten 2011–2016* de lezer mee door de hoogte- en dieptepunten van de eerste vijf jaar van een millennial in New York City. De gedichten verkennen thema's als zelfidentiteit, mislukking en heruitvinding. Andere gedichten reflecteren op onderwerpen die horen bij volwassen worden, zoals het einde van de jeugd en het vinden van een doel.

De rode vos symboliseert ambitie en is van toepassing op iedereen die in zijn leven grootse dingen wil bereiken.

Cultuur kan niet gedijen zonder verstoringen.

RODE VOS RENT

Joseph Adam Lee

Gedichten 2011-2016

Red Fox Runs Press
New York, New York

Red Fox Runs Press
909 3rd Avenue
 # 127
New York, New York 10150
Verenigde Staten

Een imprint van The Rebel Within

Eerste druk: 2026

Opmerking van de Uitgever

Dankwoord
Inhoudsredacteur: Sam Hughes
Ontwerp omslag en lay-out: Eleni Rouketa

Contactgegevens
E-mail: joe@therebelwithin.com
Websites: www.josephadamlee.com
Instagram: @joseph.adam.lee

Bibliotheek van het Congres Catalogisering in Publicatiegegevens
Lee, Joseph Adam. 1986-
Rode Vos Rent: Gedichten 2011–2016 / Joseph Adam Lee.

ISBN: 978-1-946673-79-4 (Paperback)
ISBN: 978-1-946673-80-0 (hardcover)
ISBN: 978-1-946673-81-7 (e-book)
ISBN: 978-1-946673-82-4 (audioboek)

Aan Evariste Bisson

Inhoudsopgave

Wanneer het rennen stopt 20
Reis 22
Parkbank 23
Schrijversrant 26
Koude nachten zorgen voor stille uitzichten 27
Het compromis van de kunstenaar 30
De man en de gele metrolijn 32
Vingerloper 34
Rockaway Sick Day 35
We blijven rennen zolang jij blijft lopen 37
Bum en Boil 39
Een stille grappenmaker in een kamer vol gelach 41
De richel wacht op onze sprong 45
Vertrektijd: 22:26 uur 46
Uitchecken 49
Ze weet het niet 51
De schepping en de schepper 52
Liefdesgedicht voor Linda 55
Wakker, en een razende geest 56
Laat het schijnen 58
Schrijf 61
De straat in mijn buurt 62
Leven in een herinnering aan gisteren 63
Spiegelbeelden 66
Oktober Trottoirs 67

Begin zonder richting 68
Pragmatisme met liefde en vrouwen 70
De mensen van buiten 72
Vuurspuwers 73
Schieten in de schaduw 76
Bohemian 78
Terwijl het echoot 80
Als je me een gouden ster geeft, schijt ik erop 83
Uit een tekst die ik me niet meer herinner 85
Dashboard Debris 86
Er is een dunne lijn tussen geluk en strijd,
en je neigt naar strijd 89
Taco's met guacamole 90
Haar pagina's 92
Duwen 96
Vechtavonden 98
De schoonheid van de menigte 100
Belmont 102
Het is dichterbij dan je denkt 104
Geniaal 106
Ik doe alsof ik aan deze kant sta 108
Melkpak 109
Teruggetrokken last 110
#lifestyle 113
Het complex 114

The Wild Revolve 116
De werkdag 119
Lichte slaper 121
Momentum met haar 122
Drijf mee met de anderen of verplaats de cursor 126
Joy Ride 128
Alle wegen naar de jeugd leiden naar Austin, Texas 129
Ik verzet me niet – dat zou ik wel moeten doen – maar ik doe het niet 133
Penne alla vodka 134
De UFC-vechters 136
De andere kant van de tijd 139
American Chess 140
Stadstrappen 146
Fouten 148
Giet het maar over me heen 149
De verliezer 150
Ik zou je mijn ziel geven, maar we zijn blut, schat 154
Kijk naar rechts 157
Wispelturige dwazen 158
Een schot om de eenzaamheid te vergeten 160
Het pad van de veer 163
Seks 164
Vermomd door de rel 167
Kleine nietszeggendheden 169

Milk Run op 34th Ave.	171
Drie is een menigte	175
Iceman	176
Een verontschuldigingsbriefje dat niet de moeite waard was om te versturen	178
De man die ik vroeger was	182
Netflixitis	183
Dansen met woorden	184
Finders Keepers	186
Promotie	187
Tijdelijk gezelschap	189
Dromen terwijl je wakker bent	191
Ga naar Muziek	192
Schep niet op over de geit	193
Nerveus	197
De problemen in NYC	199
Ogen	200
Zet het op het spel	203
Vijver	205
Koffie gemorst	207
Als het echt moet	209
Holy Shit	211
Mooi gebrekkig	213
Bladeren	215
Gebroken glas	216

Jong gezelschap 217
De zon komt morgen weer op 220
Op de vlucht voor de waanzin in mij 221
Het Griekse eten bij Astoria-Ditmars Stop 223
Uitputting gedrenkt in pretentie 225
Tussen de regels door 226
Vast 227
De rammelaar binnenin 229
Terug naar het begin 230
Er vreselijk uitzien 232
De woede zal toenemen 234
Als je afgeleid bent, dan ben je net als iedereen 235
Zij, Terugkerend 236
Acteren in de werkelijkheid 238
Grin 239
Het lot drinken 241
Stadslawaai 243
De toetsen bewegen 244
Als het regent, stijgt er rook op 245
IJswagenmuziek 247
Terwijl de herinnering brandt 249
Incompetente intriganten 250
Afgunst 252

Iedereen is samen als ze alleen zijn 254
Schrijven als je denkt dat je niets meer over hebt 255
Het beeldhouwwerk is niets anders dan een verzinsel...
van de verbeelding van iemand anders 257
Weer vast... 259
Het gegrom van de mens 261
Verspilde tijd 263
Normale schoonheid 265
Laat mijn geest spreken 266
Trek de pin eruit 269
Reik 270
Ambivalente lust en dan... niets 272
Op weg naar Hartford 273
Wandelende 274
De meeste stappen zullen onevenwichtig zijn 276
Aussie Girl en Frank 277
Zet je schrap 278
Een stroom van bewustzijn moet soms droog zijn 280
De strijd is niet echt 286
Koffiepauzes 287
Een mooie taartkorst 289
Ik draag de schaamte 291
Rode vos rent 293

Rode Vos Rent

Vernieuwing is een keuze.
Laat deze kans niet voorbijgaan.

Wanneer het rennen stopt

(De urgentie van de jeugd)

Je merkt het pas als het je overkomt.
Je gevoel van onoverwinnelijkheid zal afnemen.
Je zult een vaag gevoel van onzekerheid krijgen.

Het zal waarschijnlijk gebeuren na een lange, late avond.
Je zult alles aan die ochtend haten:
de omgeving
de mensen
de spullen...
Misschien haat je zelfs jezelf.

Beschouw dit als een geschenk,
een ontwaking.
Je zult je de hele dag saai voelen
YouTube-video's kijken
en macaroni met kaas eten.
Maar zelfs als je een kater hebt, denk dan na.

Geluk is dichtbij.
De lucht zal er morgen anders uitzien.
De straten zullen bruisen .
Kleuren zullen weer levendig worden.

Alles kan veranderen.

Deze goedheid zal vreemd lijken.
Het kan je bang maken.
Maar dan heb je
de kans om een keuze te maken.

Je kunt het negeren: misschien ben je er nog niet klaar voor.
Maar als je verandering wilt,
wanneer je de lucht de waarheid in je oor hoort fluisteren,
dan weet je dat het tijd is om te veranderen.
Verandering is oké.

Dus doe het dan ook.
Doe het gewoon!
Anders verspil je je tijd.

Afleidingen zijn gemakkelijk.
En je kunt zo lang als je wilt op hun pad blijven lopen.
Ren op blote voeten als je wilt.
Stamp je voeten diep in het grind.
Word onderdeel van het terrein.
Alleen jij kunt stoppen.

Dus stop met rennen.
Stop!
Nu je nog de kans hebt.

Reis

Je reis is een leven lang zoeken
zoeken, vragen stellen en streven naar realisatie.
Het doel is altijd subjectief.
Je komt waar je hoort te zijn.
Je instincten helpen je om je grenzen te verleggen
en je zult
goed
beter
groter
dan je vroegere zelf.

Persoonlijk word ik verleid door
de eindeloze weg van mogelijkheden.
Ik ben dol op avonturen.
Ik geloof niet in het vasthouden aan wortels.
Stabiliteit belemmert me.

Zelfgenoegzaamheid laat geen ruimte voor ontdekkingen.

Mijn vuur brandt, het schroeit door mijn aderen
en slagaders en veroorzaakt onverwachte rillingen
terwijl het bloed door mijn organen stroomt.
Inspiratie is niet gepland,
maar komt spontaan over ons heen
die voortkomt uit een toevallige ontmoeting,
een gedachte
een beeld
een geluid
een gevoel.

Zoek in jezelf, vind iets,
en begin aan een onverwachte reis.

Parkbank

Vlak voor ik naar mijn werk ga, loop ik langs een parkbank.
Hij is groen, meestal leeg, en
veel mensen, zoals ik, besteden er weinig aandacht aan.

Ik vraag me af of het bankje zich genegeerd voelt.
Ik vraag me af of een bankje eenzaam kan zijn.

Het lijkt een goede plek te zijn,
aan de zuidoostkant van Central Park.
Misschien zitten mensen erop en delen ze hun levensverhalen.
Misschien bespreken ze de recente krantenkoppen
in de Times of de Wall Street Journal.
Misschien vertellen ze verhalen die ze
al een tijdje niet meer aan hebben gedacht.
Misschien is er een prille romance ontstaan,
of heeft een jaloerse man
het hart van zijn geliefde gebroken.

Mogelijk heeft iemand na
het bankje bezocht te hebben.

Eens, midden in de nacht,
zag ik een man op de bank liggen.
De bank zal dit allemaal niet erg vinden.
Hij heeft zijn doel
als klankbord
als onverwachte vriend
als een plek om opnieuw te beginnen
als... een thuis.

Ik weet niet of ik ooit een vrij moment zal hebben
om op het bankje in het park te gaan zitten.
Ik denk dat ik binnenkort uit deze stad ga verhuizen.

Maar ik weet waar het bankje staat; het zal blijven staan... altijd,
stabiel,
zonder emotie, maar vol verantwoordelijkheid;
helemaal alleen, maar zeker in gezelschap.
Het kan je jaloers maken.

Ik moet echt een kop koffie halen en
bijpraten met een goede vriend,
misschien wat gedachten uitwisselen terwijl we
op een bankje in het park.

Als je iemand een
een stuk oudbakken toast aanbiedt,
zal hij dat niet eten,
maar als je er wat
pindakaas erop smeert
zullen ze het waarschijnlijk wel eten.

Schrijversrant

Soms haat ik schrijven.
Het is een last.
Het herinnert me eraan dat mijn gedachten te snel gaan
en dat ik het niet kan bijhouden.

De tijd staat je niet toe om alles vast te leggen

Maar ik zal het proberen.
Ik ben erdoor verteerd.
Ik ben verslaafd aan herinneringen.
Ik wil nooit iets missen.
Zelfs als het niets is.
Zelfs als het niet nodig is om het te onthouden.
Ik wil het bewaren.
Wie weet?
Misschien heb ik er later iets aan.
Misschien helpt het me om erachter te komen wat ik
ik wil zeggen
zou moeten zeggen
zou kunnen zeggen.

Maar ik ga het proberen.
Ik probeer het vast te leggen.
Want als ik dat niet doe, is het weg.
Zoveel mensen vinden dat vanzelfsprekend.
Ik niet.
Ik doe alles wat ik kan.
Elke gekrabbelde notitie is kostbaar.
Elke bewaarde zin.
Elk woord.
Alles.

Maar ik zal het proberen.
Ik zal proberen het te onthouden.

Koude nachten zorgen voor stille uitzichten

Het was ijskoud in de rij.
Nou ja, niet ijskoud
maar koud genoeg, snap je?
Ongemakkelijk,
maar geen kou die pijn doet.
Hoe dan ook, het was koud.

Ik wilde daar niet zijn.
Echt niet, maar het was zaterdag
en ik had niets beters te doen.
Nou ja, eigenlijk had ik genoeg te doen,
maar ik wilde met Brad en Jasper optrekken.
Stacy was er ook.
Ze rookte. Ik nam een trekje.
Ik wilde indruk op haar maken
en dat wist iedereen,
zelfs Stacy.

JP kwam ook. Hij is de promotor van de club.
JP was dik, en om de een of andere reden
irriteerde me dat enorm.
Hij werkte al vier jaar bij Suite 36.
Vier jaar lang had hij een club gepromoot bij saaie mensen.
JP was saai, maar iedereen wilde zijn vriend zijn.
Zelfs ik probeerde zijn vriend te zijn:
ik wilde gewoon naar binnen!
Had ik al gezegd dat het koud was buiten?
Nou ja, niet zo koud.

Ik vond het saai,
en ook een beetje suf,
om daar te staan wachten om een club binnen te gaan
die nog meer saaiheid uitstraalde.
We hadden al meer dan 4 uur gedronken.
Ik was op een goed punt. Ik wilde niet meer drinken.
Ik had het gevoel dat ik de laatste tijd tegen de fles had gevochten,
en Brad en Jasper zaten in hetzelfde schuitje.
Stacy, ik wist niet zo goed wat ik van haar moest denken.
Ze leek nuchter.

Ik had maar een paar keer met haar afgesproken,
misschien vier keer hooguit.
Ik vond haar net zo stralend als altijd.
Ik heb haar dat niet verteld, maar Jasper en Brad wisten
dat ik zo over haar dacht.
Ik had eigenlijk liever gehad dat ze dat niet wisten.
We bereikten de voorkant van de rij,
en twee grote zwarte mannen stonden voor ons.
De toegang tot de club kostte 35 dollar.
Dat was onzin!
We hadden die avond al $50 per persoon uitgegeven.
Ik vroeg mijn nieuwe vriend, JP, om ons gratis binnen te laten.
Hij verlaagde de toegangsprijs naar $20 dollar.
Fuck JP!
Hij is een klootzak.
Ik was jaloers op hem.
Hij had drie meisjes om zich heen die hem kusten.
Ik wou dat Stacy bij mij was.
Ik wenste dat er een meisje bij mij was.

JP glimlachte als een zeehond toen we weggingen.
We waren absoluut niet van plan om 20 dollar te betalen.
We wilden absoluut niet de club binnen.
Als we JP niet hadden ontmoet, hadden we misschien wel
betaald.
Maar ik ben ook blij dat we dat niet gedaan hebben
, want dan hadden we ons opgelicht gevoeld.
Ik wilde gewoon terug naar
Jasper en Brad en praten.
Ik wilde dat Stacy ook mee zou gaan.
Ze was niet zo oud als wij, maar haar geest wel.
Dat vond ik zo leuk aan haar,
maar dat kon ik haar nooit vertellen.

Ik wilde met iemand praten.
Behalve met JP
want, zoals ik al zei, hij is een eikel.
Waar wilde ik over praten?
Dingen
Dingen die ertoe deden.

Ik weet niet zeker wat dat was
of zouden zijn geweest,
maar ik wist dat we ze zouden vinden.
Of dat, of iets zou ons vinden.

We spraken niet.
We stapten in de taxi, gingen naar een andere bar,
we gaven nog eens $50 uit,
we raakten bewusteloos en werden de volgende ochtend wakker.
Ik was teleurgesteld.
We hadden gewoon thuis moeten blijven.

Dus toen mijn hoofd niet meer bonkte
en ik stuurde een sms met excuses naar de barman
omdat ik te dronken was geweest en onbeleefd had gedaan,
en Jasper ging naar de sportschool,
ik bleef bij Brad zitten.
We deden precies wat ik de avond ervoor had willen doen:
we praatten,
we praatten gewoon.
En toen we klaar waren,
wilde ik alleen maar verder praten,
maar dat deden we niet,
we praatten niet meer.

Het compromis van de kunstenaar

Een knuffelzak van afgunst
gebaseerd op het dreigende besef
dat succes niet zal komen,
zelfs als je er het meest naar verlangt.
Toch is gevoeligheid iets waar de kunstenaar compromissen mee moet sluiten.

Hoe zou iemand kunnen bloeien zonder gekke intenties?

Wees dus bewust kwetsbaar en creëer.

Een geest verspilt zichzelf, tenzij hij creëert.

De man en de gele metrolijn

Na weer een lange periode van drinken
en pogingen om een meisje te versieren,
was hij nogal succesvol
Eerder mislukt
kom ik aan bij het metrostation N, Q of R
of simpelweg bij de gele lijn.

Ik had een taxi moeten nemen,
maar ik heb te veel uitgegeven aan drank.
Drankjes voor mij
voor mijn vrienden
voor 'nieuwe' vrienden
voor iedereen eigenlijk, die bereid was om met mij te drinken.
Erger nog,
ik wist niet hoeveel ik uitgaf.
Bonnetjes, hoeraatjes gedrukt op dun papier,
herinnerden me 's ochtends
aan de gin-tonics
De IPA's
De Cabernets.
Ik zou ze moeten verzamelen en
de barmannen vragen ze te signeren zoals honkbalkaartjes,
of ze door meisjes te laten kussen.
Ze zouden prachtige roze lippenstiftvlekken achterlaten.
Misschien een andere avond.

Het bruisende epicentrum van de stad is leeg.
Times Square verspilt zijn verlichting
terwijl ik naar het perron van de metro loop.
De zwervers mengen zich in vreedzame harmonie.
Ze staren me aan.
Herinner ik hen aan zichzelf
toen ze mijn leeftijd hadden?

Wat een doolhof, deze onderwereld.
Dan zie ik hem,
de mozaïekman op de muur van het metrostation
nog steeds in zijn bruine jas.
Zijn hoge hoed bedekt zijn betegelde gezicht voor de helft,
zoals altijd.

Zijn kenmerkende oranje sjaal houdt hem warm.
Ik vraag hem hoe laat het is.
Het is een spelletje dat we spelen
tussen 3 en 5 uur 's nachts.
Hij antwoordt nooit.
Ik lach om zijn onbeweeglijke gezicht.
Ik lach zonder iemand.
Ik laat de eeuwige man achter die zich concentreert op zijn
horloge.
Ik zie een nieuwe filmadvertentie naast hem.
Ik geef hem een klap op zijn platte schouder.
Als ik hem eenmaal gevonden heb, hoef ik maar drie dingen te
onthouden:
Links, rechts, rechts.
De tweede keer rechts is na de krantenkiosk.
Ik wou dat ik een paar dollar had.
Dan zou ik chips of nootjes kopen,
iets om mijn slaaptekort af te leiden.

Ik wacht op de metro.
Zodra die komt, stap ik in de metro en ga zitten.
Ik zie vonken van voortstuwende elektriciteit
terwijl de metro de Queensboro Bridge oversteekt
en
over de East River springt.
Ik denk:
weer een avond,
en ik kan niet wachten om naar huis te gaan.

Vingerloper

Als mijn vingers konden praten, zouden ze schreeuwen.
Ze zouden opensplijten en bloeden
van de woede die veel mannen kennen.
Op zoek naar niets meer dan de kans,
Nee
De kans om gehoord te worden.
Ik denk dat ik daarom schrijf.
Midden op een vrijdagavond
met een biertje aan mijn rechterkant,
schrijven geeft moed.
En het mooiste is dat het gratis is:
er zijn geen beperkingen, protocollen
of beperkte wegen.
Ik kan de straten beheersen, bouwen en navigeren.
En hé!
Als je het niet leuk vindt,
ga dan uit mijn weg!

De weg van gebroken dromen is een mythe.

Hij zit vol met mensen die hun vingers snijden en bloeden,
maar die ze maar al te snel met verband bedekken.
De glitter en glamour zijn bijzaak.
Het is niet het doel.
Geloof me maar.
De solidariteit is genoeg om je
voor een heel leven, als je dat toelaat.
Het wordt vertroebeld door aanspraken,
en die verwachtingen leiden tot een lange weg van ellende.
Ik loop erlangs, maar ik laat me er niet door overweldigen.
Ik struikel liever, dan dat ik dat pad blijf volgen.

Rockaway Sick Day

Ik hield je vast.
Je was zo kwetsbaar dat ik je niet durfde te bewegen.
Nee, dat kon ik niet.

Je was als zand.
Ik was bang om mijn greep te verslappen.
Ik trok je dichter naar me toe en hield je steviger vast,
terwijl ik tegen de zeewind vocht.

Als ik mijn omhelzing had verzwakt,
dan was ik je kwijtgeraakt.
Je zou door mijn armen zijn geglipt,
gebroken en in duizend stukjes uiteengevallen,
vermengd met het eindeloze toffee-bruine vlak,
en wachtend op je fatale lot
als een vervallen huurling.

De oceaan riep je.
Het getij kwam dichterbij,
verleidde je om te ontsnappen.
Het had je gemakkelijk kunnen overspoelen.
Verdwenen
verdwenen dan, in een zoute mengeling.
De hardste overname.
Maar ik hield vast, ik hield zo vast.

Ik was nog niet klaar om onze liefde los te laten.

Een gewond beest huilt van binnen.

We blijven rennen zolang jij blijft lopen

(Sneeuwstormen in New York City)

Ik vond het modderige terrein niet erg:
ik ben opgegroeid met witte winters als deze in Maine.
Vreemd genoeg miste ik die ochtenden.
Ik moet bekennen dat ik die dag wel zonder de wind had kunnen stellen.

"Opgeschort", zeiden ze.
"De treinen rijden niet."
"Iedereen moet vrij nemen."
Ik had geen vrije dag.
Nee, die klootzakken moesten
elke cent uit ons persen.

Het was 8:10 uur 's ochtends.
Ik wist dat ik er een uur over zou doen om erheen te lopen.
Ik zag onderweg geen mensen,
alleen maar gele en groene marsmannetjes
met reflecterende ogen,
en geen handen... Niemand had handen.

De Queensboro Bridge was feestelijk.
Ik was niet de enige die naar zijn werk moest.
"Hé! Waarom rijdt die trein?" Een Marsbewoner wees.
"Stop! Laat ons instappen, man!" zei een andere Marsbewoner.
Hij stopte niet.
Hij bleef rijden.
Hij lachte ons uit.
De conducteur keek naar buiten en zei: "Opgeschort."

De trein spuwde bruine sneeuw naar ons.
De klonten leken op stenen,
maar we raakten niet gewond door de vuile sneeuw.
Het deed me denken aan toen
ik sneeuwballen naar mijn zus gooide
voordat ik haar naar school bracht.

Ik haalde de kant van Manhattan
en moest vijf straten lopen voordat ik op mijn werk aankwam.
Toen ik dichterbij kwam, zag ik mensen
uit de metro-uitgang bij Lexington en 59th Street tevoorschijn komen.
Ik zei: "Hé, rijden de treinen nu weer?"
Een meisje keek me aan alsof ik gek was.
Dat was ik niet; ik wilde het gewoon weten.
Ze zei: "Ja, ze zijn om 9:00 uur begonnen."

Ik keek op mijn horloge.
Het was 9:15 uur.
Shit, dacht ik.
Ik ben te laat voor mijn werk.

Bum en Boil

De man was zo van streek.
Misschien was het toneelspel,
zoals de andere bedelaars dat zo goed konden.

Er is een meisje, Shirley, dat altijd
ze praat over dat ze geld nodig heeft voor haar kinderen.
Ik vraag me af waar die kinderen zijn.
Hoe kan ze
de hele dag de treinen zonder hen?
Hoe kan ze zich een oppas veroorloven?

Ik weet het, ik weet het.
Het is toneelspel.
Een dagelijkse baan als actrice.
Dakloos
en behoeftig.

Oplichters zijn het beste in het misbruiken van empathie.

Ze hebben allemaal een agenda,
maar dat verschilt niet veel van iemand achter een bureau
die verantwoordelijkheid ontloopt en wacht op een aalmoes.
Eigenlijk zijn de zwervers behoorlijk actief
als je erover nadenkt.
Ze doen iets,
in plaats van naar de klok te kijken
en te wachten op de tweewekelijkse uitkering.
Mijn vrienden zeggen dat ik gek ben
omdat ik mijn geld aan hen verspil.
"Je steunt die oplichterij, man."
Misschien wel.
Misschien?
Ik denk dat ik te soft ben.
Ik wil geloven
dat er misschien toch iets puurs in zit,
weet je wel?
Is het zo verbazingwekkend dat deze man,
die verlegen,

pechvogel,
kwetsbare,
dappere kerel een verdomde pauze nodig heeft?

We hebben allemaal af en toe een pauze nodig.

We realiseren het ons niet eens,
maar sommigen van ons leven hun hele leven op basis van pauzes.
Deze man vraagt om een dollar.
Ik geef hem er vijf.
Hij kijkt me aan.
Ik weet niet of het deel uitmaakt van de truc of niet.
Het maakt me niet echt uit.
Ik hoop alleen dat het heeft geholpen.

Misschien was het wel de doorbraak die hij nodig had
om weer op eigen benen te staan
om te geloven dat hij enige eigenwaarde heeft
om te weten dat pauzes voorkomen
om hem een moment te geven
om hem in staat te stellen een verdomde glimlach te laten zien.

Hoe dan ook, ik wil het geld niet.
Het zal uiteindelijk alleen maar mijn ziel verpesten.
In zekere zin
geef ik mezelf een pauze.
Dus in zekere zin hebben de zwerver en ik dezelfde afpersing.
Waren er maar meer zwervers.
Ik zou met meer
vijf dollarbiljetten in mijn zak lopen.

Een stille grappenmaker in een kamer vol gelach

(Bedrijfsvergadering)

Het begint weer.
Een kamer vol kakelende idioten.
Ieder probeert te bewijzen dat hij slim is.
Ze zeggen dingen die ze al honderd keer eerder hebben gezegd.
Ze grommen en staren elkaar aan
met nog meer irritante vragen.
Ze leggen hun vingers onder hun kin.

Ja, ik doe hetzelfde,
ik gedraag me net als zij.
We doen allemaal zo ons best,
maar we weten helemaal niets.
Het is allemaal maar gebakken lucht,
net als alles wat er de laatste tijd gebeurt.

"Wie is deze grappenmaker die me wil vertellen hoe ik moet denken?"
"Die grappenmaker ziet er nogal jong uit."
"Ah, hij weet helemaal niets – hij is gewoon een verdomd kind."
"Hij weet helemaal niets."
"Daar ben ik het niet mee eens, ik denk dat je ernaast zit."

"We gaan deze grappenmaker eens flink laten zweten."

Hij heeft gelijk, hij heeft eigenlijk gelijk, maar dat kan hen niets schelen.
Ze zijn er helemaal in,
samen en opzettelijk bekrompen.

De grappenmaker probeert de koppige geesten te overtuigen.
Ze zijn koppig.
Ze beschermen zichzelf met angst,
maar dat zullen ze nooit toegeven.
Ze zullen zwakker worden, maar niet zo veel als ze zouden moeten.

"Hij klonk slim, maar hij heeft nog een lange weg te gaan."

Ik weet niet waarom ze dit doen.
Ik weet niet waarom iemand dit doet.
Wat heeft het voor zin?

Ik denk dat het trots is.
We hebben allemaal behoefte om ons belangrijk te voelen.
We hebben allemaal behoefte om gezien te worden.
Ik reken mezelf daar niet toe,
ik zeg geen woord,
En dat is precies hoe ze het willen.

Zodra de grappenmaker weg is,
degene die slimmer is dan de rest van ons,
zullen ze doen alsof ze dat niet nodig hadden.
Ze zullen allemaal doen alsof.
Net als iedereen:
Een wereld vol acteurs,
die lachen om de mensen die niet acteren.

Ik schaam me ervoor dat ik een acteur ben.
Ik schaam me dat ik heb gelachen.
Ik schaam me dat de grappenmakers niet lachen.
Als we gewoon naar de grappenmakers zouden luisteren, zouden
we misschien vooruitgang kunnen boeken,
misschien zouden we dan niet hoeven te acteren,
maar dat gaat niet gebeuren,
nee, dat gaat gewoon niet gebeuren.

We laten de grappenmakers niet de overhand krijgen,
maar ik ben voor de grappenmaker.
Ik hoop dat de grappenmaker ze allemaal laat stoppen met
lachen.
Ik hoop dat de grappenmaker ze allemaal de mond snoert.
Ik hoop dat de grappenmaker ervoor zorgt dat ze stoppen met
grommen, en dat
hun ogen groot worden.
Ik hoop dat de joker ervoor zorgt dat ze
op hun stomme vingers te laten zitten.
Ik hoop dat de joker wint.
Ik hoop dat de joker het laatst lacht.

Heb ik me ooit vergist?
Nou, ik denk dat de juiste vraag is:
Heb ik ooit gelijk gehad?
Mijn antwoord zou zijn: 'Zelden'.

Zondergroei

groei

is er

is

niets.

De richel wacht op onze sprong

Er is een richel,
weet je wel?
Ik wil eraf springen.
Misschien vlieg ik wel, misschien ook niet,
misschien duik ik wel diep in de afgrond.
Ik weet dat het makkelijker zou zijn om terug te lopen.
Ja, het zou makkelijker zijn om terug te keren
naar alles wat routine en natuurlijk is,

waar ik veilig ben.

Ik kan het niet!
Als ik dat zou doen, zou ik achteruit lopen
mijn schaduwen in.
Als je vliegt, ligt je schaduw onder je.
Pas als je neerstort, kom je je schaduw tegen.

De tijd herinnert me aan wat ik niet heb bereikt,

wat ik wil doen,
waar ik wil zijn.
Het is een tik in mijn oor en het is irritant.
Ik krab om het te kalmeren,
maar ik kan het niet wegkrijgen.
Ik heb het net zo hard nodig als ik het verafschuw.
Het is er,
en
het herinnert me eraan
het drijft me
het voedt mijn motivatie.

Het grappige is dat als ik het haal,
ik niet zeker weet wat ik dan ga doen.
Ik vraag me af wat er gebeurt als je dat eenmaal hebt gedaan?
Ik ken niemand die dat heeft gedaan.
Mensen staan op de rand van grootsheid,
dat is alles wat ik nu weet.
Niemand van ons zou achterom moeten durven kijken.

Vertrektijd: 22:26 uur

Aankomsttijd: onbekend

De motor liep zo soepel als een spinnend katje en stuiterde van de witte streep aan de rechterkant naar de spiegelende gele dubbele -wacht-gestreepte-nee-wacht-weer-ononderbroken lijn aan de linkerkant.
De strepen vormden de enige leidraad voor het voertuig terwijl het door de transparante luchtfilm reed.
Beelden waren vluchtig, waardoor de bestuurder de momenten snel moest onthouden, maar de filmrol eindigde nooit.
Hij hield de glimpen bij:
ze herinnerden hem aan waar hij vandaan kwam.
Ze waren een hint naar waar hij vervolgens heen zou gaan,
maar er was nooit een garantie.
Hij wenste dat hij elk moment kon zien,
maar de lichten van de vrachtwagen waren sterker aan de basis
en werden zwakker aan de zijkant.
Daardoor miste hij sommige dingen.
Hij wilde meer beleven.
Dit onverzadigbare verlangen maakte hem boos.

Was hij genoegen aan het nemen?

De ambivalentie van de reis
was de realiteit van het leven van de bestuurder.
Hij controleerde de bewegingen van het voertuig door zijn blik,
maar af en toe ging hij buiten de lijnen, verloor hij de weg kwijt,
plande hij zijn omweg om vervolgens
door een wegversperring.
De ogen van anderen keken naar hem,
en verblindden hem af en toe.
De rode, gele en groene tussenproducten
had hij geen controle over.
Soms was hij helemaal rood,
om zich af te vragen wat er daarna zou komen,
dan weer groen,
met het gaspedaal ingedrukt.
De oranje bollen aan de hemel
waren met elkaar verbonden en vormden laaghangende
glimlachen.

De silhouetten van de armen van het bos
en vingers wezen naar boven.
De neveligheid had hem moeten afschrikken van zijn doel;
het onverwachte, onbekende, had onzekerheid moeten oproepen,
maar dat gebeurde niet.
De takken inspireerden de bestuurder.
Hij dacht eraan om
de lijnen te volgen
tussenin blijven
tussenin blijven
stoppen bij de weg
de aanwijzingen volgen.

De splitsing in de weg kwam dichterbij.
Hij kon het niet zien,
maar hij wist dat het er zou zijn.
Het was er eerder geweest,
en soms had de mist zijn beslissing verstoord.

Soms wenste hij
dat hij zich kon omdraaien en de andere kant op kon gaan.

Deze keer, bij de splitsing, wezen de lijnen naar links.
Het was de juiste weg.
Er zouden weinig obstakels zijn... en... het was veilig.

De bestuurder sloeg rechtsaf.

De lichten, de lijnen, de aanwijzingen waren verdwenen,
maar uiteindelijk
kwam hij thuis.

Ik geef niets om ijdelheid
zolang mensen maar zeggen dat ik er goed uitzie.

Uitchecken

Ik jongleer met blikjes tonijn:
dat is het enige wat ik me kan veroorloven.
Ik koop zelfs geen mayonaise meer.
Waarom doe ik dit?
Nou, ik koop liever nog een blikje tonijn.

De stapel is hoog en ik balanceer hem
tegen mijn borst.
Ik gebruik zelfs mijn kin als een bankschroef.

Deze stad kan me niet breken.

Ik weet dat ik het ga redden,
ik weet dat dit slechts tijdelijk is.
Ik laat me door niets uit het veld slaan.

De kassa is om de hoek
en het is duidelijk – wacht...
Verdorie.
"Ga maar voor," zeg ik tegen de oude dame.
Het blauwe karretje past bij de blauwe strepen in haar haar.
Kattenbakvulling, melk
en een witbrood.

Ik denk: "Kom op, ik moet gaan."
"Ja, de melk kost $ 2,39."
"Nee, er is geen aanbieding voor de kattenbakvulling."
"Pas geld? Zijn dat centen?"
"Heeft ze niet genoeg voor het brood?
Dat meen je niet!"

Ik zet de blikjes neer
en de band trekt ze dichter naar de kassier toe.
Ik kijk naar het brood.
Ze kijken allebei naar het brood.

Een lege blik lost niets op.

De kassier pakt het op
en maakt zich klaar om het door te geven aan de magazijnmedewerker.
Ik houd haar tegen.

Ik kijk naar de groene ogen van de oude dame,
haar oogleden vernauwen zich tevreden.

Ik pak een van de blikjes en
geef het aan de winkelbediende.
"Wil je ruilen?"
Ik geef haar twee dollar.
Het brood wordt in een papieren zak gedaan
bovenop de kattenbakvulling.
De oude dame omhelst me.
Ze gaat weg.

Ik kijk terug naar de kleinere stapel blikjes.
Afrekenen.

Ze weet het niet

De rode lippenstift
een Longchamp-tas
een marineblauwe Barbour-jas
een ingepakte fles wijn (waarschijnlijk Pinot Grigio)
een doos Godiva-chocolade
en angst.

Ze vraagt zich af: "Ben ik goed genoeg?"

Past ze wel in deze rol?
Ze loopt met een verwarde blik naar haar stoel.
Ze twijfelt aan haar beslissingen.
Heeft ze de juiste keuze gemaakt?

Zonder de labels zou ze prima zijn.
Zonder iets zou ze perfect zijn.
Haar masker maakt het moeilijk te zien,
maar
ze weet het niet.

Ze draagt het al te lang.

De schepping en de schepper

De schepper moet alleen zijn.
Hij moet in de schaduw zitten
en werken aan zijn ambacht,
een ambacht waarvoor alleen hij is geschapen.

Het werk, afleidingen, vrouwen en mannen
begrijpen de schepper misschien niet.
Dat kunnen ze niet,
want hij is toegewijd aan zijn creatie.

Voorzichtig.

Vergeet je ambacht niet.
Houd het vast,
laat de niet-scheppers het niet stelen
laat ze het niet misbruiken
laat ze het niet veranderen.

Laat ze het niet bederven.

Dat zou het ergste zijn.
Alsjeblieft, ik smeek je!
Van alle dingen,
laat ze het niet verpesten.

De schepping is de enige stem die de schepper heeft.
Hij spreekt alleen als hij er klaar voor is.
De schepper is geduldig met zichzelf.
De schepper is geduldig met de niet-scheppers.

Het is nu stil.
Stil
Stil
Stil
Altijd stil.
Is het tijd om gehoord te worden?
Stil, jij!
Is het tijd om te spreken?

Stil, jij!
De schepper heeft stilte nodig.

De schepper moet voorzichtig zijn.
De maker moet in zijn creatie geloven.
Zijn creatie is geen verkoopartikel.
Zijn creatie is bedoeld om te inspireren.
Het is bedoeld om niet-scheppers met elkaar te verbinden.

De creatie heeft een bedoeling.

Er ontstaat ruis,
het volume overschrijdt de capaciteit.
De vonken schieten eraf.
De creatie is klaar.
De schepper moet alleen zijn.

Zeg iets belangrijks.

Liefdesgedicht voor Linda

Mijn hart slaat een tweede slag.
De kennis van jou is pijnlijk.
Hoe kan ik dit gevoel overwinnen,
een emotionele aantrekkingskracht die geen kans van slagen heeft?

Liefde is een moment
een drang
een kracht die niet kan worden uitgelegd.
Voor jou betekent het alles
en jij bent
mijn offer
mijn emotie
mijn kracht.

Je bent een eeuwige ontsnapping aan het alledaagse.

Want ware liefde is iets dat niet gedefinieerd kan worden;
het is een gevoel van euforie.
Wanneer een hart sneller klopt en een ziel vliegt:
een gevoel van wat zal zijn en wat zal worden,
het moment van essentiële vrede,
waar alle materie onbelangrijk wordt.

Wakker, en een razende geest

Het lijkt altijd gepaard te gaan met een licht
dat uitgeschakeld zou moeten worden.
Een klok
die de uren 3, 4 of 5 uur 's ochtends aangeeft.
Ogen
die dichtgeplakt zijn met geelgroene smurrie.
Mijn contactlenzen weten hoe ze vocht moeten stelen.

Ik probeer mezelf ervan te overtuigen dat ik droom
of dat ik gewoon weer moet gaan liggen.
Maar ik weet dat mijn ogen me zullen vergeven
als ik mijn contactlenzen uitdoe.
Dus strompel ik naar de badkamer
en druk de nepogen eruit.
Op de terugweg stop ik voor een snack,
"Wat maakt het ook uit", zeg ik.
Ik ben al wakker.
Het is dan stil.
Ik zit achter het toetsenbord en het komt met een brul binnen.
Ik probeer de overweldigende stortvloed aan gedachten te
bedwingen
geluiden
woorden.

Altijd woorden, dat is het enige wat we hebben.

Proberen mijn gedachten te compartimenteren is overbodig.
Niemand kan de snelheid bijhouden waarmee de geest werkt.
Er zijn zoveel woorden die ik wil opschrijven,
zoveel dingen die ik tegen mensen wil zeggen.

Verdreven,
alles stort zich op dit moment op mij.
Ik kan het zien,
als een fris shirt dat voor het eerst wordt aangetrokken.
Dan verdwenen.
Eenmaal gedragen en de herinnering verkreukeld.

Proberen de stukjes bij elkaar te rapen,
welke stukjes dan ook,
om ze op te schrijven
om later iets te inspireren.
Langzaam verdwijnt alles,
een persoonlijke ondergang
een spuug in het oog
een knoop in je oor te diep om te bereiken
een maag die je op de grond doet vallen.

De cursor op het scherm beweegt niet.
Ik ga in bed liggen.
Misschien word ik weer wakker.
Misschien vang ik dan iets van de magie op.

Laat het schijnen

Het leven vraagt om drama.
Waarom zou dat zo zijn?
We zouden niet zoveel pijn moeten verdragen.
Ik weet hoe je je voelt.
Je probeert positief te blijven,
maar het is moeilijk om je ogen te sluiten voor wanhoop.

Het enige wat je kunt doen, is proberen er doorheen te komen.

Het is belangrijk om te lachen.
Lach gewoon,
buig je lippen tot een glimlach.
Zelfs als er tranen vallen,
zelfs als het zinloos lijkt om dat te doen.
Lach gewoon om je ellende.
Laat het gebeuren.

Laat jezelf glimlachen.

Er is zoveel druk in het spel van het leven,
waar we meestal geen controle over hebben,
waarvan we ons meestal laten manipuleren om te voelen.
We zijn geneigd om te wankelen,
zelfs als we onszelf hebben getraind om ons te beheersen.

Laat jezelf ontsnappen,
ontsnap aan de wereld
ontsnap even aan je leven.
Er is niets mis met even afstand nemen.
Speel je favoriete liedje af en
sluit je ogen en luister naar je eigen ademhaling.

Alleen wanneer het licht precies onder de juiste hoek valt
wordt het naar ons teruggekaatst.
Meestal kan het donker zijn.
Wacht op je moment.
Als het komt,
laat het dan schijnen.

Laat het schijnen.

Ik loop liever voor altijd dan dat ik een marathon loop.

Schrijf

Schrijf

Schrijf tot je niet meer kunt.
Schrijf totdat je de magie hebt ontdekt.
Schrijf tot je huilt.

Schrijf

Schrijf om te inspireren.
Schrijf om te vergeven.
Schrijf om te herinneren.

Schrijf

Schrijf totdat het mooiste verhaal is verteld.
Schrijf om de wereld te veranderen.
Schrijf om iemands leven te raken.

Schrijf

Schrijf met je hart.
Schrijf voor je ziel.
Schrijf en stop nooit.

Schrijf

De straat in mijn buurt

Het is 3 uur 's nachts en ik fiets over de stoep.
Morgen zal ik me dit nauwelijks nog herinneren.
Mijn straat zeker wel:
ze lijkt me goed te kennen.
Ze helpt me de weg naar mijn bed te vinden.

Het is makkelijker om met mijn straat te praten.
Het is de beste luisteraar en er is weinig tegenspraak.
Ik ben opgelucht dat ze me nooit veroordeelt,
hoe vaak ik het ook in de steek laat.

Leven in een herinnering aan gisteren

Ik zat te wachten op mijn eten.
De kamer raakte vol.
Poppop at kaneeltoast.
Meme was een Engelse muffin aan het opeten.

Ik begon onrustig te worden.
Ik keek om me heen en zag alle mensen die we kenden.
Nou ja, alle mensen die Meme en ik ons konden herinneren.

"Kom op, Sue, waar is mijn eten?" vroeg ik.
"Sorry, Joe, er is alleen een kleine vertraging," zei mijn zus.
"Maar ik heb twintig minuten geleden besteld."

"Joe Lee, heb gewoon even geduld," zei mijn grootmoeder,
Meme Marge.
"Hé Margey, geef die jongen even rust, hij heeft straks een
belangrijke wedstrijd." Zei Poppop terwijl hij naar me knipoogde.
Ik had mijn grootvader al heel lang niet meer zo zien doen
.

"Joe Lee... basketbal?! Hij is bijna 30 jaar oud,
Poppop - hij speelt geen basketbal meer."
"Waar heb je het over?" onderbrak ik haar.
Ik keek haar aan om haar duidelijk te maken dat
het niet echt uitmaakte.
"Ja, Marge, waar heb je het over?" vroeg Poppop.

Meme stopte.
Ze begreep het: de realiteit was het niet waard om onthuld te
worden.
Ik vond het fijn om in Poppops verleden te leven.
Daar mochten we herinneringen ophalen.

Deze momenten waren mooi.
Ze waren belangrijk,
maar ze waren ook heel triest.
We stonden onszelf niet toe om verdrietig te zijn.

We droomden van herinneringen.

Ik zag dat Meme het moeilijk had.
Ik vermoed dat het moeilijk voor haar was om sterk te blijven,
maar ze deed het - ze moest wel.
Dat moesten we allemaal.

Het verbaast me hoe waardevol herinneringen zijn.
Gesprekken die je hebt gehad – degene waar je je vroeger aan
verveelde, kunnen zo kostbaar zijn.

Mijn zus gaf me een bord. 'Alsjeblieft.'
"Bedankt, Sue."
Poppop keek naar Sue en toen naar mij.
Hij zei niets.
Meme keek opzij - ze kon er niet naar kijken.
Ik keek naar opa, maar hij herkende me niet.
Het moment was voorbij
en we wisten niet
of er ooit nog een zou komen.

Ik voelde me schuldig omdat ik was vergeten
hoe waardevol herinneringen kunnen zijn.
Ik wilde dat zeggen,
maar in plaats daarvan at ik het ontbijtsandwich op.
Bij elke hap hoopte ik
in de hoop dat Poppop zou terugkomen.
Ik wachtte, en nam slechts vier happen
voordat ik niet meer kon eten.

Sue vroeg: "Waarom eet je niet?"
Ik zei niets.
Ik wilde weglopen, maar stopte.
Poppop zei: "Ja, Joe, je hebt je kracht nodig
voor de grote wedstrijd van vandaag."

Magische momenten zijn stille herinneringen
dat er binnenkort gekte volgt.

Spiegelbeelden

Ik denk dat we allemaal een beeld van onszelf hebben,
en we besteden talloze uren aan het uitbeelden ervan.
We geven
geld
tijd
en energie om te lijken op wat we voor ogen hebben.
Allemaal zodat we op een gegeven moment
op een bepaald moment
we bewonderd kunnen worden als een beeld.

Hoewel we de ambitie hebben om origineel te zijn,
kunnen we dat niet zijn.
Originaliteit is niet langer origineel.
Originaliteit is niets meer
dan een valse aspiratie
en de lelijkheid ervan komt voort uit de ijdelheid van de media.

Maar we trappen erin.
In de hoop dat we ons op een dag zullen onderscheiden van
de drukke menigte van imagozoekers,
degenen die geen woorden kunnen vinden of ademen zonder de
kans op acceptatie.

We zijn kleiner geworden.
We kunnen alleen groeien door ons terug te trekken.

We bewegen ons in een mist die wordt gecreëerd door de
onzekerheid
excuses
eenzaamheid
waanideeën
zelfgenoegzaamheid.

Oktober Trottoirs

Het begint met sokken.
De zorgeloze zomerwind die tegen
mijn blote voeten waaide, is verdwenen.
Sokken beschermen mijn tenen tegen de kou van de herfst.
De straten lijken nu breder.
De vage gesprekken van toeristen, stagiaires en bezoekers zijn
meegenomen naar hun verre huizen.
Madison Avenue zit vol met zoekers.
Het is het enige dat de stad beschermt.
De trouwe veteranen mengen zich met de nieuwkomers.
Wie zal volhouden?
Er ontstaat een onuitgesproken angst.
Zal iemand, wie dan ook, het voor jou redden?
Angst en hoop gaan samen als water en vuur.
Op een willekeurige dag kun je uitgedroogd raken.
Dat is het risico dat je neemt.
Ik loop langs Hassan, de kebabkraamman.
Hij heeft me de hele zomer niet gedag gezegd,
maar vandaag is het anders.
Ja, net als elk jaar in oktober
ontstaat er weer een klein beetje vertrouwen,
voor degenen die het hebben overleefd.
Het is het micro-ecosysteem,
een stad in turbulente transitie,
van verdwenen apathie en seizoensgebonden ambitie
die wacht om vervuld te worden.
Ik heb weer een jaar gehaald, maar kijk eens hoe laat het is.
Ik ben te laat, maar zijn we dat niet allemaal een beetje?

Begin zonder richting

Begin gewoon.
Wie weet waar je terechtkomt?
Wie weet of je het afmaakt?

Misschien lukt het je niet.
Dat maakt niet uit.
Velen zijn op plaatsen terechtgekomen die ze niet hadden verwacht.
Soms zijn die plaatsen beter,
andere keren slechter.

Maar het is beter om ergens te komen.

Overal is beter
dan helemaal nergens.

Critici en vijanden drinken meestal samen.
Ze hebben veel gemeen.

Pragmatisme met liefde en vrouwen

Ik kan dit niet meer.
Het maakt niet uit hoe graag ik het ook wil.
Het maakt niet uit hoe graag jij het ook wilt.

Verdomme – Shit – Verdomme!

Ik ben verdrietig,
niet omdat ik jou heb ontmoet
niet omdat het geweldig was om bij je te zijn
niet omdat het niet kan werken
niet omdat ik niet meer zo vrijuit met je kan praten als vroeger
niet omdat het niet meer actueel zal zijn.
Maar omdat...

Je kunt liefde niet veinzen.

Het was een voorrecht,
en ik weet dat de ernst van alles
het moeilijk maakt om dat te geloven.
Mijn woorden waren ooit de vonk.
Nu kan ik zelfs geen begin meer maken.
Dit alles doet pijn,
maar voor mij is die pijn niet hetzelfde als voor jou.
Voor mij is de pijn dat ik weet
dat ik dit allemaal opnieuw moet proberen.
De angst blijft hangen als een druppel olie in water.
Ze lacht met onevenwichtigheid,
blootgesteld, gevangen en zielig.

Er valt niets anders te zeggen dan vaarwel.
Bij elk afscheid is er een moment dat blijft hangen,
een pauze
een hoop
maar de realiteit is somber.
Breng me terug – alsjeblieft – maar ik kan niet leven!
Waarom?
Waarom?
Nog één poging?
Ik overweeg het. We overwegen elkaar te helpen.
Kun jij degene zijn die alle pijn verlicht?

Vragen...
Vragen op vragen...
Vragen die elke vraag in twijfel trekken,
totdat de stapel hoog is en het antwoord ver weg.

De tranen zijn het niet waard.
We moeten ze bewaren voor iets belangrijker.
Dit is het niet meer.

Dit is niet langer relevant.

Steek een lucifer aan, maar trek me er niet in mee.
Er valt niets te overwegen; de vlam zal snel verdwijnen.

Het is stom
frustrerend
vervelend
verwarrend
verachtelijk
en het ergste van alles, spijtig

Het is pragmatisch, en ik haat het
Het is het einde
Het is weg
Het is allemaal weg

De mensen van buiten

Ik kan geen kopje koffie drinken en iemand ontmoeten.
Iets nieuws lijkt niet meer mogelijk.
Ik wou dat ik dat kon.
Ik wou dat het was zoals jaren geleden,
toen cool zijn niet cool was,
toen mensen echt iets gaven om
om wat ze dachten,
toen ze niet probeerden iets of iemand na te doen.
Misschien ben ik sarcastisch.
Misschien vertrouw ik niemand.

Ik wil in mensen geloven.

Dat willen we allemaal,
maar dit zijn zulke ijdele tijden.
Onsamenhangend gedoemd tot zwak succes.
Het licht schijnt, maar het kan te fel zijn.
Ik let op de mensen.
De mensen buiten, zo noem ik ze.
Ik neem pauzes tijdens het schrijven en kijk naar buiten terwijl ze voorbij lopen.
Ik wil met ze praten.
Ik wil meer over hen te weten komen.
Waarom?
Om te ontdekken,
om de rusteloosheid te overwinnen,
de veiligheid
de zekerheid.
Misschien kan ik iets van hen leren.
Misschien kunnen zij iets van mij leren.
Misschien is het tijdverspilling.
Misschien...
Maar het zou minder dom zijn
dan wachten tot ze tegen mij beginnen te praten.

Vuurspuwers

Er is mij gevraagd waarom ik gedichten schrijf,
en soms beschuldigd dat ik het doe om aandacht te krijgen,
om de leegte tijdens feestjes op te vullen
om een onderwerp toe te voegen aan een dinergesprek.
Dat heeft er niets mee te maken:
nee,
ik doe het voor mezelf.
Ik doe het om therapie te omzeilen:
ik ben het niet eens met betalen voor advies.

Maar,
daarnaast
blijf ik schrijven.
Ik schrijf voor de momenten waarop ik geen rust kan vinden,
voor het brandende besef van de realiteit van het leven dat
mijn zicht vertroebelt,
voor de woeste stroming van angst, walging
en openbaring die me overvalt,
voor de troostende wolken die, wanneer ze zich openen,
mij met gelach overspoelen,
voor wanneer stampen in mijn vingertoppen prikken,
voor richels zonder afgrond,
voor vlakke hellingen waar ik niet kan struikelen,
voor messen die buigen wanneer ze worden gestoken,
voor drankjes die op mij werken als water,
voor zenuwen die me stabiel houden.

Voor al die momenten
ben ik dankbaar voor poëzie.

Er is nog meer:
poëzie weerhoudt me ervan
ervan om iemand anders pijn te doen
iemand anders te corrumperen
om verliefd te worden op cynisme.

Het stelt me in staat
om alleen te zijn
om mezelf iets te geven om in te geloven
om tijdelijke verlichting te hebben
om getroost te worden
om kalm te zijn
om mezelf nog een dag te geven
om mezelf te dwingen in morgen te geloven
om de frustratie van rusteloosheid te verzachten
om mezelf te zijn
om abnormaal te denken in een gekke wereld
waar mij wordt verteld dat ik normaal moet zijn.
om conformiteit,
het establishment en mijn verleden,
om de rebel te zijn
om de introvert te zijn
om de actieve extravert te zijn
om stil te schreeuwen
om dit kwijt te raken
egoïstisch zijn
de leegte opvullen die aandacht nodig heeft.

Dit alles heb ik te danken aan poëzie.

Ik doe het ook voor anderen,
voor degenen die het nodig hebben,
voor degenen die niet kunnen schrijven,
voor degenen die zich somber voelen,
voor degenen die willen spreken,
voor degenen die naar de klok kijken en willen dat de tijd sneller gaat.

We hebben het allemaal wel eens meegemaakt.
Meestal schrijf ik gedichten om te voorkomen dat ik me weer zo voel.

We komen allemaal door het vuur heen,
en de brandwonden zijn niet zo blijvend
als anderen ons hadden verteld dat ze zouden zijn.

Mijn spijt blijft de realistische momenten in mijn leven.

Schieten in de schaduw

We zijn slechts zo goed als gisteren.
Ik weet dat je twijfelt aan je waarde.
Je vraagt je af:
"Wordt het nog beter?
Zal er ooit een moment zijn dat beter is dan de momenten uit het verleden?
Is dit het beste wat er ooit zal zijn?"

Als je terugkijkt, schiet je in de schaduw
die je onzekerheden aan het licht brengen,
maar je zult ontdekken
hoe hard je ook probeert om het verleden vast te houden,
dat je dat niet kunt.
Die tijd was gewijd aan dat moment,
die herinnering
dat gevoel.
En -
Het kan nooit opnieuw worden gecreëerd.

De schaduwen zijn niet bedoeld om
een somber beeld van je toekomst te schetsen.
Hoe hard je ook probeert vast te houden aan
de geest, de onschuld en de liefde voor gisteren,
de hardheid van de realiteit
verliest het ruimschoots van de jeugd.

Het is jouw keuze hoe je het heden doorstaat.
Je kunt achterblijven, maar het verleden is altijd vertrouwd.
Of je kunt vooruitgaan
en nooit meer achterom kijken naar de schaduwen.

Als je vooruitkijkt, wordt je leven beter.
Nieuwe deuren
nieuwe mensen
nieuwe ervaringen
nieuwe momenten
zullen zich aan je openbaren.

Dat is de ware schoonheid van het leven,
en je kunt het niet vinden
tenzij je dat kunt.
Onthoud,
maar probeer nooit iets na te maken.

Je tijd is kort.
Verpest het niet.
Er is zoveel licht voor je.
Er is zoveel meer voor je.
Vandaag is veel mooier dan gisteren,
en morgen is nog stralender.
Kijk nooit achterom, nooit.
Een leven in duisternis is gemakkelijk,
maar het is een leven dat verspild wordt door spijt.
Creëer nooit meer spijt.
Slik nooit je verdriet in.
Schiet nooit in de schaduw.

Bohemian

Ik leef nu,
en ik leef in het verleden.
Sommige dingen veranderen geleidelijk.
Er is vooruitgang,
 - zeker, zelfs corruptie -
maar uiteindelijk blijft alles hetzelfde.
De visioenen
De toegang
Alles lijkt binnen handbereik,
maar dat is slechts schijn.
Een opzettelijke machinatie,
een plan om ons af te leiden van vrij denken.

Een vertroebelde geest wordt volledig veroorzaakt
door onze fouten.

Het is makkelijker om niet te spreken dan om gehoord te worden,
maar luister in ieder geval.
Volg een pad dat je aanspreekt.
Weersta de neiging om vragen te stellen omwille van het vragen stellen.
Vind jezelf en onderscheid je.
Vermijd het om de kudde te volgen.

Wees een rebel.

Maar zelfs rebellen vormen gemeenschappen,
nietwaar?
Ik weet gewoon niet meer waar ik in moet geloven.
Moet ik gewoon blijven nadenken op mijn eigen manier?
Ik ben nergens zeker van.

Dat geldt voor iedereen.
Heeft onze beslissing uiteindelijk alleen invloed op onszelf?
Misschien niet.

Moet dit zo ingewikkeld zijn?
De meesten maken het graag moeilijker dan nodig is,
omdat er zonder strijd geen voldoening is.
Complimenten voelen altijd geforceerd aan.
Ik weet niet hoe ik erop moet reageren.
wanneer ik weet dat ze niet verdiend zijn.
Ik weet niet hoe ik me moet gedragen.
Ik weet het niet,
en ik hoop dat ik het nooit zal leren.

Terwijl het echoot

Ik dacht dat ik nu al verder zou zijn.
De pixels zijn muggen die aan mijn hersenen knagen.
Het is pas donderdag en ik ben al aan het nadenken
wanneer de tweewekelijkse betaling zal worden verwerkt.
Rekeningen drijven me.
Een gevangene van het bureau.
9 uur.
Een karige maaltijd 's middags.
Morgen zal het net zo glamoureus zijn.

Een generatie die succes beloofd werd.

Elk aspect van mijn leven vastgelegd voor mijn dertigste.
Ik ben 28 en ik heb uitstel nodig.
Ik weet niet wat er gaat gebeuren.
Het is toch niet alsof ik er controle over heb,
en zo hoort het ook.
Ik moet niet wachten:
het is een universeel teken van beleefdheid
wachten met schrijven,
wachten met het opzeggen van mijn baan,
meer dan twee maanden wachten tot ze bijdraait.

Maar ik wacht - net als iedereen.

Noem het zeuren,
maar ambitie en passie mogen niet worden tegengehouden.
De juiste mensen winnen niet.
Je moet iemand kennen om bij iemand binnen te komen.
Wie heeft er nou connecties nodig?
Verdorie, ik heb geen connecties nodig.
Nou ja, ik denk dat ik toch een connectie nodig heb.
Waar vind je in godsnaam connecties?
Verdomme, zonder connectie lukt het me niet!!!
Wat nog erger is, is dat je weet dat je iets kunt doen,
maar gedwongen wordt om compromissen te sluiten
wat het waard is.

Verdomme!
Waarom kan ik geen agent vinden?
Waarom kan ik mijn script niet verkopen?
Waarom kan niemand mijn werk lezen?
Verdorie, ik neem liever een telefoontje aan waarin me wordt verteld
hoe slecht ik ben, dan zo lang te wachten.

Wrok creëert een kledingstuk
dat is genaaid met een fijne draad van passieve agressie.

We zijn getraind om niets te zeggen.
Verlamd door de afkomst van het onrecht van de samenleving.
Wachten, hoopvol, misleidend:
ze vatten allemaal onze gemoedstoestand samen.
Er zijn de gelukkigen,
degenen die uitbreken
of dat tenminste lijken te doen.
Ik ken er een paar.

Zij zijn het stilst.

Ze zijn veranderd in marionetten en kijken naar ons.
Soms huilen ze 's nachts.
Ze doen alsof het iemand anders is.
Ik hoor het echoën.
Ik weet dat zij het zijn.
Dan zijn we samen.

Door de echo's van verlangen.
Door de echo's van succes.

De stemmen worden gehoord door degenen die ze willen horen.
Ik weet dat mijn stem gehoord zal worden.
Misschien lukt het me wel?
Wat valt er nog meer te doen?

Veel meer mensen houden ervan om creatief te zijn dan daadwerkelijk iets te creëren.

Als je me een gouden ster geeft, schijt ik erop

Zeg alsjeblieft niet dat ik geweldig ben.
Zeg me niet dat ik het goed doe.
Nee, zeg niets tegen me.
Sluit me uit van je gesprekken.
Zet me aan de kant.

Maar als je iemand moet verslaan,
gebruik me dan als je boksbal.
Nee, neem me niet mee uit eten.
Nee, vraag me niet naar mijn familie.
Nee, praat helemaal niet met me.
Waarom zou je?
Ik doe er verdomme niet toe.

Daar heb je het mis.
Ik hoef niet bang voor je te zijn.
Je macht is zwak.
Stilte is je enige wapen,
maar dat heb ik inmiddels wel door.

Het is het enige wat je hebt,
en hoezeer je ook denkt dat het me pijn doet, dat is niet zo.
Ik lach je uit als je er niet bent.
Ik wil je belachelijk maken omdat je zo bang bent!
Je bent een idioot!

Ik heb medelijden met je:
vast,
hopend dat ik van gedachten zal veranderen,
wensend dat ik dichtbij was.
Wie heb je nog meer?
Ik heb genoeg, ik heb anderen die me niet aan de kant schuiven.

Ik heb meer dan jij.

Jij hebt misschien meer dan ik,
maar dat maakt niet uit.
Ik ben voldaan waar het ertoe doet.
Ik heb mijn eigen ritme,
en dat heeft niets met jou te maken.

Uit een tekst die ik me niet meer herinner

De reis is lang en zwaar.
Een indrukwekkende grot.
Vol
angst
veronderstellingen
gevoelens van minderwaardigheid.

Er is een wilskrachtig persoon voor nodig
om het te maken.

Angst is iets wat we niet begrijpen;
het is iets wat kwetsbare zielen beseffen.

Dashboard Debris

(Kindertijd Joyrides)

De lege pakjes sigaretten
waren altijd erg in trek,
Newport bovenop Marlboro.
De luxe duurde net zo lang als de opwinding
die je op de eerste van de maand voelt.
De uitkering van de staat komt over een week,
Lisbon wist hoe hij met vreugdevolle beknoptheid moest leven.

Naar rechts,
meer naar het midden toe,
net rechts van het stuur
was een Uncle Henry's,
de voorloper van craigslist.
Online klikte je en stuurde je een e-mail,
in de brochure,
vouwde je de pagina's om en belde je later.

We gingen elke week naar Big Apples.
De benzine was daar iets goedkoper.
De advertenties lagen op dinsdag in de kiosk.

"Verdorie, kijk eens, dat is een koopje!"
Dat zei hij daarna minstens tien keer.
Ik denk niet dat we ooit een deal hebben gesloten toen we in
Lissabon waren.

Deals leken nooit tot stand te komen.

Het was altijd spannend om te denken dat het wel zou lukken.

Aan de passagierszijde, de kant die ik vroeger
"mijn kant" noemde,
De fastfoodzakken en losse, uitgedroogde frietjes vermengden
zich met
potloden
pennen
kauwgom op de deksels van Green Mountain-koffiekopjes
verfrommelde blikjes Moxie-frisdrank
en tapijten van Slim Jim beef jerky-wikkels.

De kluwen zag er altijd precies hetzelfde uit.
In de lente en zomer draaide ik het raam open en liet ik stukjes
naar buiten vliegen.
Soms kon ik het niet verdragen.
In de winter gebeurde dit minder vaak,
toen ik mijn raampje niet durfde open te draaien.

Als het ooit te dik werd,
als het te moeilijk werd om de weg voor me te zien,
maakte ik het schoon.
Hij zei nooit dankjewel.
Dat had ik niet nodig.
Hij wist dat ik de rit op prijs stelde.

We zijn allemaal bedriegers,
oplichters
en oplichters.

De sleutel is om ermee weg te komen.

Er is een dunne lijn tussen geluk en strijd, en je neigt naar strijd

Ben je gelukkig?

Nee, wacht, antwoord niet zo snel.
Zeg geen ja, nee of iets anders.
Denk er gewoon eens over na.
Denk aan wanneer je wakker wordt.
Denk aan de mensen in je leven.
Denk nu na – denk gewoon na.

Denk niet aan iemand anders.
Denk niet aan wat zij hebben.
Denk niet aan wat jij hebt.
Denk niet aan wat je niet hebt.
Denk niet met je hoofd.
Denk niet...

Denk met je hart.
Denk met je ziel.
Denk aan vandaag.
Denk aan morgen.

Denk aan gelukkig zijn.

Taco's met guacamole

Ze stond achter me,
net zo afstandelijk alsof ze er helemaal niet was,
en zichzelf ervan overtuigend dat ze er niet was,
en nooit iets zou zijn,
iets tussen ons zou zijn.
En voor het eerst sinds lange tijd
vond ik dat prima.
Ik hoefde niet te hopen
of vermoeden dat er iets zou gebeuren.

Ik voelde me goed.

Wilde ik dat het voorbij was?
Vond ik dat ik het moest loslaten?
Nee, dat was nooit mijn aard geweest.
Dus terwijl we op de vistaco's wachtten,
voelde ik wat druk op mijn rug.

Ze leunde tegen me aan.

Het was niets bijzonders.
Het was niet anders
dan een vriendin die tegen een andere vriendin leunt.

Het was helemaal niets,

totdat ik voelde dat het alles was.
Dat zal ze nooit weten.
Nou, dat is wat ik nu denk.
Soms zou ik willen dat het anders was.

Kwetsbaarheid verspilt de kracht van een man.

Het maakt niet uit; het is beter om achtergebleven te zijn.
Ik denk dat gevoelens erger zijn voor degenen die ze hebben.
Maar ik red me wel.
Ik neem haar magere lichaam.
We zullen allebei voorlopig in de fantasie leven.
Dat is alles wat ik nodig heb... voor nu.

Ik vraag me af wat zij nodig heeft.

Misschien is dat mijn grootste drijfveer.
Misschien is het op dit moment niemand.
Ik hoop dat ik dat op een dag ben.
Dat is egoïstisch,
dat is het echt,
want je kunt niet op iemand wachten:
zo werkt het niet,
dat is nooit zo geweest en dat zal ook nooit zo zijn.

Het is tegenwoordig zeldzaam om een connectie te vinden.

Er een forceren is vals,
je voorstellen dat het eeuwig is,
ervaren is alles.
Ik weet niet wat er met ons zal gebeuren.
Dus ik neem vanavond,
ik neem wat ze me geeft.

Haar pagina's

Ze stelt zich tegenover niemand open.
Er is een verhaal dat ze wil vertellen,
een manier waarop ze herinnerd wil worden.

Ooit schreef ik op haar pagina's.

Er was een bepaald
tijd
moment
gevoel,
een stijl die werkte.
Ik vulde elke pagina.
Ik schreef zorgvuldig.
Ze keek aandachtig toe.
Ik probeerde haar ijverig te kalmeren.

Het enige wat ik wilde, was een liefdesverhaal schrijven.

In het begin ging dat gemakkelijk,
maar daarna werd het moeilijker.
Ik wilde niet eens naar haar pagina's kijken.
Ik deed alsof ik last had van een writer's block.
Ik wilde niet schrijven over wat pijn deed:
die keren
van dronken ruzies
van jaloezie
van aanmatiging
van angst.

Onze relatie viel uiteen om niets.

Ik werd zo boos op haar.
Zij was op haar beurt net zo bijtend.
Maar na periodes van wraak en walging
sloegen we haar bladzijden om.
Helemaal leeg, wit.
We kwamen samen.
We zeiden niets.

We beseften hoe dwaas we waren geweest,
hoe het er niet toe deed
hoe het 'gebeurde' in het laatste hoofdstuk.

Ik zou het niet moeten doen,
maar ik kan het niet helpen dat ik het me herinner.

Het zijn altijd de kleine dingen die ik het meest mis,

het haar om middernacht,
het gaatje tussen de bovenste voortanden,
het puntje onder het rechteroog,
het mollige, knopneusje,
de ronding van haar rug.
Dat waren haar kenmerken.

Ik weet zeker dat er dingen aan mij waren
die vast
in haar pagina's genoteerd.
Ik heb die nooit kunnen lezen.
Ik zal nooit de kans krijgen.

Onze dagen waren geteld.
De pagina's werden dunner
totdat de laatste kwam,
toen het verhaal moest eindigen.
Het was zo goed.
Ik was egoïstisch; misschien ben ik dat nog steeds.
Ik wilde meer weten.
Ik wilde meer schrijven.
Ik wilde meer lezen.
Ik wilde haar meer.
Maar zij wilde mij niet,
ze wilde mij niet meer.

Dus schreef ik.
Ik kon het niet langer uitstellen.
Het kostte me meer tijd om 'The End' te schrijven
dan om elk woord daarvoor.

Toen ik klaar was, nam ze haar pagina's mee.
Ik hoefde er nooit meer over te schrijven.

Soms probeer ik me te herinneren,
zinloos te bedenken
welk deel ik had kunnen veranderen om het te laten werken.
Ik zou er eindeloos over kunnen piekeren, denk ik.
Misschien moet ik iemand anders zoeken.

Elke man is gelukkig als hij in haar pagina's mag schrijven.

Ze weten alleen niet hoeveel
totdat ze merken dat de pagina's dunner worden.
Als het bijna tijd is om te schrijven:
"Het einde"

Ik kan geen lied voor je zingen,
maar ik kan wel iets schrijven
dat je zal inspireren om er een te schrijven.

Duwen

Waarom push ik mensen?
Waarom?
Net als ik ze wil toelaten,
net wanneer ik denk dat ik dat kan,
duw ik
Ik duw nog één laatste keer.

Ik wil weten hoever ik kan gaan.
Het is een test die ik gebruik om te zien hoe loyaal mensen zijn.

Ik push mezelf als ik dit doe.
Misschien is het verkeerd van me,
misschien lijkt het wreed,
maar als ik ze mij laat verraden,
ben ik de dwaas.
Ik word aan de kant geschoven met de anderen
en achtergelaten in de ellende van
wreedheid
bedrog
leugens
en eenzaamheid.

Ik kan mezelf niet toestaan om me zo te voelen.
Dus ik zet door.
Ik zet door.
Ik zet door!

Is er iemand sterk genoeg om mij terug te duwen?

Ik weet dat als ze het aankunnen,
ze er voor me zullen zijn.
In ruil daarvoor
zal ik er voor hen zijn.

Ik kan niet wachten tot ik niet meer hoef te duwen.

Daar zit het probleem.
Iedereen duwt.
Iedereen
Kon ik maar stoppen
liegen
bedriegen
vendetta's.

Dan zouden we kunnen stoppen.
Dan zouden we kunnen stoppen
met pushen.

Vechtavonden

Ik heb alleen een reden nodig.
Echt, alles is goed.
Er is nu spanning.
Ik wacht op elk moment.
Bier vijf staart me aan.
Het smeert mijn intenties.
Ik wil gewoon vechten.
Ja, dat klopt – vechten!
Ik weet dat ik een goede baan heb.
Ik weet dat ik een goed gezin heb.
Ja, ik weet dat dit een domme beslissing is.
Ik wil het.
Ik heb het nodig.
Het is niet de drank die dit veroorzaakt.
Nou ja, misschien overtuigt het me een beetje.
Maar dat is niet de reden.
Het gaat erom dat ik het gevoel heb dat ik iets moet hebben.
Een stem?
Ik denk het wel.
Een stem?
Ja, absoluut.
Mijn woede laait in mij op.
De rust van een koele zomeravond verhult mijn woede.
Was mijn vuur maar niet zo diep.
Niemand behalve ik heeft hiermee te maken.
Ik ben er klaar voor,
een terugdeinzen
een blik
wat dan ook.
Zelfs abnormale ademhaling zou me van streek maken.
Ik wil het, maar ik weet niet waarom.
Dan stop ik.
Ik kijk alleen maar naar het bier.
Het is bijna leeg.
Nog één?
Nee,
vijf is mijn limiet.
De barman jaagt me weg.

Ik heb gewonnen.
Alleen ik weet dat.
De deur is het laatste wat ik me herinner.
Buiten wacht me een ereronde.
Ik word vooruitgeleid door Broadway.
De straten leiden me altijd naar huis.
Morgen kom ik terug.
De drankjes zullen worden geserveerd,
de bar zal wachten,
en het gevecht zal beginnen.
Ik ben er klaar voor,
ik zal het stoppen voordat het te ver gaat.

De opbouw is genoeg.
Soms is genoeg uiteindelijk alles waard.

De schoonheid van de menigte

Er zit schoonheid in ons allemaal.

We mogen dat niet laten gaan.
Wees voorzichtig wanneer je je schoonheid met anderen vergelijkt.
Je wordt anders genoemd.
Je zult abnormaal worden genoemd.
Je zult veel dingen worden genoemd
die voortkomen uit de afgunst van anderen.
Ze zullen zich afvragen of jouw schoonheid hen lelijk maakt.
Luister niet naar hun vragen.

Vergeet nooit hoe kostbaar je schoonheid is.

Er is iets met hen gebeurd onderweg.
Ze zijn het vergeten en zouden willen dat ze puur konden zijn.
Dus zullen ze je uitdagen.
Je zult je afvragen of je net als hen zou moeten zijn.
Misschien hebben ze gelijk.
Misschien moet je je schoonheid afwijzen.
Doe dat niet: dat is precies wat ze willen.

Alleen jij hoeft je schoonheid te vieren.

Het maakt niet uit hoeveel anderen applaudisseren.
Er volgt een daverend applaus.
Er is kracht voor nodig om te zwijgen.
Leer dus over je schoonheid.
Maak het elke dag beter.

Zelfs als jij de enige bent die het ziet.

De sterren krijgen hun glans
door de gekke diamanten die beneden schitteren.

Belmont

Ik kijk naar de startpoort, maar die is te ver weg om te zien.
Dat maakt me niet uit: de echte actie vindt onder mij plaats.
Ik ben blij dat ik op de tribune zit.
De beesten wachten op het vrijlaten van hun prooi.

Kleine groepjes soorten zitten op de onderste tribune.
Mannen met groeiende buiken roken sigaren
net zo snel als potlooddunne vrouwen Virginia Slims roken.
Vrouwen verbergen hun zwelgen in fragiele pauwachtige hoeden.
Studenten zwemmen in een gouden zee van geheugenverlies.
Kinderen, die de puurste soort blijven,
dromen ervan jockey te worden.

En daar gaan ze!
Het vuur van het startschot verdooft ons.
Er valt een moment van complete stilte.
Iedereen maakt deel uit van dit moment.
De start.
Daarna is iedereen op zichzelf aangewezen.

"Kom op, Wicked Strong!"
"Kom op, Medal Count!"
"Kom op, Commissioner!"
"Kom op California Chrome!"

Ik ben voor California Chrome.
Hij zal me geen fortuin opleveren.
De kansen zijn verschrikkelijk,
maar ik wil deel uitmaken van de geschiedenis!

We houden allemaal onze witte wedbriefjes vast alsof het loterijbriefjes zijn.
Het enige verschil is dat iedereen
heeft de hele tijd een kans.

In de laatste rechte lijn staat iedereen op,
bier wordt gemorst,
en vallen de ooit zo gewaardeerde hotdogs en nacho's op de grond.
Iedereen vergeet de realiteit
twee minuten en dertig seconden lang.

Nadat de paarden de finishlijn zijn gepasseerd,
begint het te sneeuwen.
Midden in een midzomernacht,
elke sneeuwvlok -
"Belmont, race tien, twee dollar om te winnen op de vijf"
ooit enige waarde had -
"Belmont, race tien, vijftig dollar op de drie"
ooit enige hoop -
"Belmont, race tien, drieëntwintig dollar op plaats zeven"
elke sneeuwvlok -
duurt twee minuten en dertig seconden.

Het is dichterbij dan je denkt

Het wordt druk.
De hobbels komen vaker voor,
totdat we geen andere keuze hebben
dan ons chaotisch te verspreiden.
Alsof we vuurwerk zijn dat explodeert.
Al snel vallen we,
de vonken doven.
Weer dicht op elkaar gepakt zoeken we naar ons doel.

Waar zal je leven je naartoe brengen?

Talrijke wolken groeien, en
elk zweeft met onvervulde ambivalentie.
Bestendig tegen regen, blijft alles droog.
Het is kouder, en dat wordt normaal.
Gisteren was het zo, en morgen zal het hetzelfde zijn.

De tijd mag niet zomaar voorbijgaan.

Ik begrijp waarom mensen spijt hebben dat ze uit bed zijn gekomen.
Het zou makkelijker zijn om de hele dag te slapen.
Dan hoefden ze niet naar het lawaai te luisteren,
de teleurstelling die voortkomt uit
onvervulde doelen
overbodige e-mails
machtsmisbruik
inferieure geesten.
Ze zouden dit geen 'leven' hoeven te noemen.

En jij verdient het om jezelf te definiëren.

Obstakels,
van buitenaf, van binnenuit, van jezelf
zullen je altijd proberen te ontmoedigen.
Ontsnap aan deze beperkingen.
Verdorie, ren weg van alles.
Het tempo van presteren is slopend.

Geef nooit op.
Soms weten we niet wanneer we een race zullen voltooien.
Soms weten we niet eens hoe we moeten beginnen.

Er zal een achteruitkijkspiegel voor ons zijn.
Die vraagt ons om door te gaan,
nog even door te gaan.
Hij zegt ons vol te houden.
Dat is het moeilijkste van alles.

Vergeet niet om altijd je droom na te jagen.

Het is een rotbeslissing als je dat niet doet.
Vergeten lijkt te gebeuren
wanneer je in de spiegel kijkt
te vermoeiend wordt.

Alleen zwakke individuen weerstaan het kijken naar hun
spiegelbeeld.

Verandering komt als je wacht.
Flitsen van licht vangen ons op onverwachte momenten.
Ze herinneren ons eraan,
nee,
dagen ons uit om door te gaan.

We moeten vechten om persoonlijke glorie te bereiken.

Vergeet niet te geloven.
Zelfs als de kansen tegen je zijn.
Zelfs als je moe bent van het heden.
Zelfs als de spiegel te ver weg lijkt.
Ren, ren ernaartoe.

Alles wat je ooit wilde, is dichterbij dan je denkt.

Geniaal

Een woord dat te vaak wordt gebruikt,
ons in het gezicht gespoten als confetti,
elk stukje kleur zwevend,
een conventie die zich manifesteert in sociale superioriteit.
Een tijdelijk gevoel van opgeschorte euforie.

Op het feest vraagt iedereen zich af,
waarom
je
ik
of iemand anders daar niet eerder aan gedacht?

Achteraf kussen de borstelharen van de bezem de confetti,
stapels glorieuze granaatscherven
klaar voor de vuilnisbak,
vermengd met de
bekers
borden
en beschimmelde kaasplankjes,
vergeten stapels van de grandeur van de avond,
tot morgen,
wanneer iedereen de nieuwe uitbarsting van genialiteit viert.

Droom van een plek
waar al je zorgen
wegsmelt.

Ik doe alsof ik aan deze kant sta

Mijn beste kant laat ik maar aan een paar mensen zien.
Hier ben ik de grappige kerel.
Natuurlijk, ik ben degene die de schuld op zich neemt.
Ik denk dat dat mijn rol is van 9 tot 5.

Ik kan mijn beste kant niet aan hen laten zien.

Waarom?
Omdat als ik dat zou doen
zou ik mijn baan kwijt zijn
zou ik niet naar de feestjes kunnen gaan.

En in godsnaam, ik kan niet nog een feestje missen!

Ik haat die verdomde feestjes.
Ik haat het om met neppe vrienden om te gaan.

Ik haat het om te doen alsof ik zo ben.

Melkpak

Sommige mensen zullen nooit weten hoe geweldig ze zijn.
Het leven kan een verleidelijke truc worden.
We worden het slachtoffer van het verlangen om iemand of iets
na te streven
iemand of iets wat je ziet.
Zet de computer uit
de computer
de telefoon
de tv
en sluit de boeken.
Lees dit verdomde gedicht niet eens!

Hoe zeldzaam is het dat we voor onszelf denken?

Wandelen
is iets dat we als vanzelfsprekend beschouwen.
Nadenken
is een inspanning geworden.

Totdat we onszelf in een positie plaatsen
waarin we hopen te worden opgenomen
waar we hopen dat we ons thuis voelen.

Niemand hoort ergens thuis.

We zijn allemaal zwervers,
reizigers zonder bestemming,
die tijdelijk naar een onbekende locatie reizen,
een bestaan
gebaseerd op het geloof dat we op een gegeven moment zullen
slagen.

We leven in een verloren wereld.

Ik zou zeggen: goede reis,
maar er is niets veilig aan iemands reis.

Teruggetrokken last

(Generatie, Millennials)

Als ik aan millennials denk,
zie ik een generatie
die het slachtoffer is van onbegrijpelijke prikkels,
vrij stromende gedachten die verloren zijn gegaan door
de overweldigende hoeveelheid informatie
ontketend door de eindeloze aquaducten van technologie,

hobby's die alleen worden beoefend vanwege hun potentieel
om er een bedrijf van te maken,
de vreugde van levenservaringen versneld door het verleidelijke
vooruitzicht dat er winst mee te behalen valt,
een leven gebaseerd op de kwaliteit van dollars,

relaties vol ijdelheid,
De trots op uiterlijkheden is een constante bron van verveling
geworden.
De afgunst op beroemdheden verdrijft
het verlangen om anders te zijn.
De schrijnende incongruentie van het leven vraagt om een
publiek
dat geluisterd wordt door een groep niet-denkers.

Waarom stelt niemand vragen?
Je vraagt: wat voor soort vragen?
Vragen over zichzelf.
Vragen aan anderen.
Alle vragen.
Allemaal.
Wat dan ook.

Overbodige uitdagingen veranderen capabele geesten
in inferieure roddelaars
die zich bezighouden met de saaie wildheid van afleidingen,
prioriteiten in het leven die letterlijk worden genomen,
inspiratie die voortkomt uit oneerlijke prestaties,
bewondering gebaseerd op 'likes' en 'views'
in plaats van letters,
indrukken die slechts een moment duren.

Ik vrees dat de term 'icoon' zal verdwijnen.
Ik kan geen
Hemingway
Fitzgerald
of zelfs een Bukowski
die in deze tijd leeft.

We geven onszelf een schouderklopje
omdat we ervoor gekozen hebben om vandaag op te staan.
Gevoeligheid wordt overtroffen door cynisme.
IJver wordt overschaduwd door rechtvaardigheidsgevoel.

Deze generatie is teruggetrokken geworden,
beperkt tot een periscoopbeeld van de wereld,
een beperkte visie die verblind is door de enorme mogelijkheden,
en zichzelf buitenspel zet nog voordat
andere wegen een kans te geven.
Overweldigd door dit alles,
lijkt niemand bereid om de last op zich te nemen.

Geheugen is een nadeel
als prestaties nog moeten worden geleverd,
maar de momenten vóór de realisatie
balans tussen verlangen en zelfgenoegzaamheid,
die beide tot tegenstrijdige oplossingen leiden.
Waar kom je terecht?
Dat hangt af van hoeveel je wilt onthouden.

#lifestyle

Het
jaar
is
nog jong
en
losbandigheid
zal
volgen.

Het complex

Er heerst een aanhoudend gevoel van urgentie.
Het lijkt voort te komen uit verwachting,
mogelijk voortkomend uit een diep verlangen om het te maken.
Om het te doen.
Om iets te doen.
Om impact te maken.

Daarom kan ik gevaarlijk zijn.

Ik zou niemand kwaad doen,
maar dan blijft er alleen ik over.
Ik heb geen vangnet.
Als ik zou vallen, zou er niets zijn om me op te vangen.
Waarom doe ik het dan?
Wat heeft het voor zin om tegen de kansen in te gaan?

Het is iets waarmee je geboren bent.

Degenen die het hebben, hebben al geprobeerd me te dwarsbomen.
Hun tegenstand komt nooit voort uit mijn capaciteiten.
Alleen ik kan de uiteindelijke beslissing nemen om te stoppen,
maar er is een probleem voor mijn tegenstanders:

ik weet niet hoe ik moet stoppen.

Mijn verlangen stelt me in staat om
de stille leegte van niet weten of het zal gebeuren.
Maar ik wacht erop.
Ik geloof.
Ik weet dat er mensen zijn die op mij rekenen.

Niemand zal ooit weten hoeveel invloed ze op anderen hebben.

Stoppen is ook niet iets wat jou definieert.
Maar als dat wel zo is, dan geef je het op.
Dus ga nu weg.
Laat de volgende persoon je plaats innemen.

Dat doe je niet.
Er zijn veel mensen nodig om iets te beëindigen.

Er is maar één persoon nodig om het te beginnen.

The Wild Revolve

Soms weet ik niet eens waarom.
Er is een onberispelijke rush,
maar toch ben ik bang dat ik het steeds weer kwijt zal raken,
maar ik gedij erop, leef ervan en haat het tegelijkertijd.
Nu zit ik hier erover te kletsen
en voel me volkomen normaal,
hier in een kleine bar, net als die in Lewiston.
Daar is alles makkelijk
en ik heb het achter me gelaten.
Ik zou altijd terug kunnen gaan.
Het is mijn keuze, denk ik, maar – ik doe het niet.
Ik weiger het ook.

Nu sla ik op de bar als op een trommel.
Bij elke klap roep ik:
"Wild, wild, wild."
De barman kijkt me aan alsof dit volkomen normaal is.
"Wist je dat ik 's nachts met het licht aan ga slapen?"
Hij lacht omdat ik hem dit al tien keer eerder heb verteld.
Ik probeer te kalmeren,
maar er speelt zich een radicaal beeld af in mijn hoofd:
Een gestoorde draaimolen
aan de westkant van Central Park.

Terwijl de tandwielen beginnen te draaien,
vallen mijn tekortkomingen samen met de schoonheid van het toeval.
Ik kan er niets aan doen.

Ik geloof in het toeval.

Mijn geloof stelt me in staat om de greep van de inertie te verslaan,
en de rit draait steeds sneller en sneller, en de wildheid ervan overspoelt me.
Ik stap niet uit, ik vraag de conducteur niet om op de stopknop te drukken.
Ik houd me vast,
voor mijn leven, ik houd me vast!
Het zou makkelijker zijn om los te laten.
Ik had nooit in deze attractie moeten stappen.
Maar als ik dat zeg, ben ik mezelf niet.
Het is niet waar.
Ik zit vast en ben volledig in de ban,
verslaafd aan de wilde draaimolen.

Passie komt van degenen
die niet beter weten.

De werkdag

De lift gaat en de deuren gaan open op de9e verdieping.
Ik haast me naar de klok-in station.
Het leest mijn hand.
8:59 uur
Ik heb het net gehaald.

Ik heb zoveel geluk dat ik hier ben.

De computerschermen lachen me de hele dag uit.
De passieve agressiviteit vertelt me dat ik niet de baas ben.
E-mails... niemand praat meer.
"Dit is jouw taak, niet de mijne. Maar ik zal met de eer gaan strijken."
"Oh, ik zei dat je dat moest doen – nou, ik ben van gedachten veranderd – doe dit."
"Waarom is dit nog niet gedaan? – wacht niet langer."

Ik heb zoveel geluk dat ik hier ben.

Bedankt dat je me zo slecht behandelt.
Maar ik zal mijn rol spelen.
Ik zal een plastic glimlach opzetten.
Ik zal het eens zijn met alles wat je zegt.
Je zult het verschil niet merken.

Ik heb zoveel geluk dat ik hier ben.

Ik heb het geld nodig.
Ik heb het nodig voor de put waarin ik leef.
Ik moet de ratten gezelschap houden
die door mijn muren rennen terwijl ik probeer te slapen.
Ik moet de hond voeren die poept en plast
naast mijn bed.
Ik moet de muren horen dichtslaan
terwijl mijn kamergenoot een vrouw bevredigt.

Ik heb zoveel geluk dat ik hier ben.

Na 16.00 uur is het stil.
Ik neem het laatste uur om te lunchen.
Daarvoor was er geen tijd.
Druk, druk, druk – druk zijn.
Het is allemaal lawaai – maar de show moet doorgaan!
Een afleiding van wat ik echt wil doen.

Ik heb zoveel geluk dat ik hier ben.

Ik kijk uit naar later.
Ik ga zitten en schrijven.
Ja, gaan zitten en schrijven.
Hier is waar ik me herinner.

Ik heb zoveel geluk dat ik hier ben.

Lichte slaper

Ik viel in slaap in mijn kamer met alle lichten aan.
Ik weet dat het weer zal gebeuren.
Mijn leven gaat dit jaar zo snel,
verlicht door een nieuwe drive.

Ik voel me zo levendig.

Iedereen kan zich verschuilen achter duisternis.
Maar ik wil me niet verstoppen.
Niet zoals ik vorig jaar deed.
Nee, ik wil alleen maar in het licht staan.

Momentum met haar

Het was ongebruikelijk dat mijn bed leeg was.
Het gezoem van de koelkast werd een constante stem voor mij.
Het liet me weten dat ik nog leefde.
De snelle auto's sprintten door de plassen.
De regen was al uren geleden opgehouden,
en daarmee ook het rustgevende geluid ervan.
Ik verlangde naar nog één laatste druppel.

De zonwering van het raam was als scheermesjes.
Het licht scheen erdoorheen.
Ik moest nog gordijnen ophangen.
De stralen scheen op mijn vloer en
herinnerden me aan een concert waar ik naartoe was geweest.
Niemand trad nu op.
Ik was de enige in het publiek.
Ik zat daar
en dacht na over alles wat ik kon doen.
Alle mensen met wie ik zou kunnen zijn,
maar ik bewoog me niet.

Ik bleef zitten en dacht aan haar.

De verwachting van een zaterdagavond
is een culturele misvatting.
De korte beleefdheden kronkelen voort.
De voorlopige roes zet een sombere toon.
De bars wachten,
het roept.
In sommige gevallen wenkt het met een schreeuw.
De verve voor
acceptatie
betekenis
of enig ander gevoel
wacht aan de voet van een glas met schuim en amber.
Nog een rondje?
Schenk maar in!
Ik ben nog steeds op zoek!
Ik schreeuw nu,
ik ben er gek op.
Net als iedereen.

Later,
is er niets.
Ik benijd mezelf in die tijden.
Het vermogen om zo vrij te zijn.
Ik ben niet langer angstig.
Het zal niet lang duren voordat ik dat weer ben.
Er is niets dat de lusteloze aard van dronkenschap kan
tegenhouden.
Ik ben het vermogen kwijtgeraakt om me iets aan te trekken
wanneer ik dat het hardst nodig heb,
en dat komt door die tijden.
Ik weet
dat het geluid van eenzaamheid beter is dan helemaal niets horen.

Ik weet het niet zeker,
maar
ik denk aan haar.
Is zij het antwoord?
Ik weet het niet.

Zonder haar denk ik niet dat ik een antwoord kan vinden.

Op haar beurt zoekt zij ook iets.
Is het hetzelfde als ik?
Misschien?
Waarschijnlijk niet.
Het is alleen van haar.
Dus leren we samen te groeien.
Herinner elkaar eraan dat we samen
we beter zijn.

Iedereen kan je horen,
maar dat is er niet zijn.

Het was onvermijdelijk, denk ik.
Misschien ligt het niet eens aan mij.
Alleen zijn eist zijn tol,
Hoewel dat in het begin niet altijd even duidelijk is
Het stelt je in staat om na te denken
Het zorgt ervoor dat je stilstaat

Het zorgt ervoor dat je begrijpt
Het momentum stoppen is moeilijk.
Het gebeurt meestal wanneer je het het minst verwacht,
Op momenten dat je volledig instort.
Boos zijn?
Waarom?
Het houdt niet aan;
Je zult weer versnellen,
klaar voor de volgende rit.

Het licht van een auto schijnt weer door de schaduw.
Het beweegt nu anders.
De plassen worden geraakt, niet verbrijzeld.
Ik hoor nog steeds het gezoem van de koelkast.
Als ik naar mijn bed kijk,
nog steeds
is ze er niet
Vroeger was ze dat wel
altijd
Maar nu roept het haar weer,
en ik weet dat de volgende keer dat de auto's voorbijrijden en het licht de vloer snijdt
ik het gezoem niet meer zal horen
ik een stem hoor.

Ze zal altijd mijn lieve schatje blijven.

Ik wil
wild,
naïef
en misleidend;
dan blijven tenminste
dromen blijven tastbaar.

Drijf mee met de anderen of verplaats de cursor

De partijen
De baan
De drank
De belachelijke verwachtingen van de familie.

De gedachtenmoordenaars.

Weggespoeld als drijfhout in de zee.
Verder en verder gaat het,
op weg naar de oneindigheid van lucht en zee.

Vergiftigd door de moordenaars.

Een man moet alleen zijn.
Het kan de meest beangstigende ervaring zijn,
maar als hij het toelaat,
zal hij zichzelf beter begrijpen.

De moordenaars begrijpen zichzelf niet.

Beantwoord de telefoontjes niet,
de sms'jes,
de verdomde snapchats.
Technologie heeft je denken alleen maar verstoord.
Ja, het is belangrijk.
Ja, het is essentieel gebleken.
Maar als je betrapt wordt terwijl je door een helder scherm bladert,
zal de cursor die klaarstaat om het verhaal van je leven te schrijven, knipperen
knippert
knipperen.

Wacht niet op de moordenaars.

Ze zullen niet vragen naar je echte gedachten.
Wacht niet om iets groots te zeggen.
Alleen jij hoeft te luisteren.
Zeg iets belangrijks.

Je gedachten zijn redbaar.
Ze zijn van jou om aan de domme wereld te presenteren.
Niemand kan jouw manifestaties namaken.
De moordenaars kunnen proberen ze te kopiëren,
ja, de moordenaars kunnen stelen en proberen zich voor te doen als anderen.

Maar uiteindelijk behoren je gedachten niet toe aan de moordenaars.

Als je dat eenmaal gelooft,
de lafaards die
tweeten,
sms'en
en smachten naar 'likes' zullen zonder jou wegdrijven.
Ze zullen proberen tegen de stroom in te zwemmen.

De moordenaars zullen snel vergeten zijn.

Je zult alleen zijn.
De zon zal in je gezicht schijnen.
Je haar zal glinsteren
als de wind langzaam elke lok masseert.
En je zult nog meer nadenken.
Je zult nog meer geloven.

Je zult nog meer creëren.

En als je klaar bent,
zal het wachten op meer.
De cursor die
Knippert
Knipperen
Knipperen

Joy Ride

Want als je met mij mee gaat rijden,
gaat het niet om wegkomen.
Het gaat erom er te komen,
ontdekken wat er daarna komt,
mensen ontmoeten,
allerlei soorten mensen,

hoe vreemder, hoe beter.

Ik wil geen veiligheid.
Ik hou van de grens
tussen gek en wild,
bezeten en krankzinnig,
meedogenloos zonder roekeloos te zijn.

Dat is wat ik wil.

Dat is waar ik me mee kan identificeren.
Als je dat niet wilt,
raad ik je aan om weg te blijven.
Het zou niet precies zijn wat je wilt.
Maar als dat je ding is,
ga dan met me mee op deze joyride.

Alle wegen naar de jeugd leiden naar Austin, Texas

We waren preverbale wezens van de nacht,
nippend aan goedkope tapbiertjes
luisterend naar open mic
en vertrouwend op optimisme.
Een gemeenschap van dronken millennials,
het beest van de nacht prikkelt ons.

Onze geesten zijn betoverd door hoop, angst en wanhoop.

Het is beter om hier te zijn
dan waar dan ook.

Ik kijk naar mijn vroegere ziel,
die zo verlangde om te voelen.

De manier waarop de jeugd je voor de gek houdt.

Ik kijk toe en kan er niets aan doen.
Ik mis dat gevoel van avontuur
en de opwinding van optimisme.

Ik ben me ervan bewust geworden dat de grenzen van mijn leven
steeds smaller worden.

Ben ik aan het vluchten?
Weg van de persoon die ik zou moeten zijn?
Ik weet het niet zeker.
Ik probeer te geloven dat ik nog tijd heb om op ontdekkingstocht
te gaan.

Ik heb even tijd alleen nodig om weer tot rust te komen.

Kelly komt naar me toe en vraagt: "Gaat het, maatje?"
"Ja,
nee,
ik weet het niet echt," zeg ik tegen haar.
Ik weet dat ik jaloers ben op de momenten waarop ik me verloren
voelde,
De tijden dat mijn geest schreeuwde.

Ik mis het geluid van mijn jeugd.

De groep herinnert me aan
aan de dromen die ik had
van de dromen die nog steeds bestaan.
Er volgt een stille wanhoop,
een levenslange reis om een moment te bereiken.

Wanneer we onze meest ware adem halen.

Het einde van de jeugd is iets zo kwetsbaars.
Het ontglipt ons op het moment dat we er het meest naar verlangen.
De maatschappij oefent druk op ons uit,
niet in de zin van ontdekken,
maar in de urgentie van tijd.
Het tikt, rammelt en maakt ons woedend.
Ik wou dat het niet zo was,
maar ik denk dat het niet anders kan.
Iets moet ons eraan herinneren hoe onwetend het is om te verspillen.

Tijd is een meedogenloze herinnering dat voor altijd niet voor altijd is.

De nacht,
een zwart gordijn dat over een grijs verleden wordt geworpen.
We verlangen ernaar alles voor het eerst te ervaren.
Maar in plaats daarvan groeien we.
Toch verzetten we ons.
Soms
willen we wanhopig vergeten.
Op andere momenten

willen we wanhopig herinneren.

De aantrekkingskracht is sterker dan de terughoudendheid, en we gaan door
zelfs als het makkelijker is om dat niet te doen.

Zolang we geloven in de zeldzaamheid van licht,
houden we vast aan dat geloof
Want we weten dat zelfs de meest misleide individuen hebben
gezegevierd.

Een herinnering wordt het slachtoffer van emotie.

Een gevoel van onze huidige banaliteit lacht ons uit
terwijl we ernaar verlangen het verleden te herhalen,
om weer in onze vroegere zelf te stappen,
alsof we opnieuw geboren zijn en alles
voor het eerst zouden beleven.
Toen de sensatie van ontdekking nog nieuw was.
Maar we zijn afgeleid tijdens eerste ervaringen.
Omdat we ze niet ten volle kunnen waarderen,
worden we pas later slachtoffers.

Gekweld door nostalgie.

Maar het bier blijft maar komen.
De liedjes blijven spelen.
De buitenbeentjes en ik juichen voor nog een ronde.
Danny staat op het podium,
klaar om wat akkoorden te spelen.
We nemen het in ons op.

Ik ben nu verdrietig.
In tegenstelling tot de anderen
ben ik hier al eerder geweest,
en morgen komt te snel.

Ik zal dit missen.

Als de reis voorbij is en ik terugkeer naar mijn dagelijkse sleur,
zal ik dit nog meer missen.
En
zelfs in de latere dagen, wanneer ik veel ouder ben dan nu,
na nog veel meer verhalen en ervaringen,
zal ik terugdenken aan vanavond, aan dit moment.

Ik zal het missen.

Succes zal je niet doden, maar de passie om het te bereiken wel.

Ik verzet me niet - dat zou ik wel moeten doen - maar ik doe het niet

Ik zou over haar kunnen schrijven.
Zo gaat het niet altijd met meisjes.
Het ergste?
Soms zijn degenen over wie je schrijft niet deugdelijk.
Die meisjes... ze zijn een slechte gewoonte voor mij.
Ik kan er niets aan doen.
Ik houd mezelf niet tegen.
Ik ben meer geïnspireerd om over hen te schrijven
dan over de andere meisjes.

Penne alla vodka

Het is -11 graden Celsius
en ik houd een ijskoud dienblad
met penne alla vodka vast.
Het was een restant van de wekelijkse vergadering.
Ik ben laat gebleven om het te kunnen bemachtigen.
Ik kon het niet laten liggen!
Het geld is krap deze maand en elk beetje helpt.
Ik wou alleen dat het niet in aluminiumfolie was verpakt.

Ik haast me – ik probeer mijn adem voor me uit te blazen.
Alles is koud.
De fietsen zijn koud.
De vuilnisbakken zijn koud.
De brievenbus is koud.
Zelfs die verdomde penne pasta is koud!

Ik kan mijn vingers niet bewegen,
ze branden – en de toppen staan in brand.
Rigor mortis treedt op en mijn rechterhand zit vast.
Ik balanceer het dienblad en schud de andere hand.
"Kom op hand, stop met branden."
Dit slaat nergens op!

Ik glijd uit op het zwarte ijs
als ik de hoek van 44th en Broadway omga.
Ik laat de pasta vallen.
Het verspreidt zich over de grond.
De saus hardt uit als glazuur op een betonnen taart.
De noedels worden broos,
verlangend om zacht te worden onder heet water.
Mijn rechterhandschoen blijft aan de pan plakken.
Ik ruk hem eraf en doe hem weer om mijn hand.

Ik loop de trap op naar mijn appartement.
Op het moment dat ik de brievenbusruimte binnenkom,
komen mijn handen weer tot leven.
Het enige waar ik aan kan denken is de penne alla vodka.
Moet ik teruggaan om het te halen?
Ja – maar nee – dat kan ik niet.
Het moet inmiddels aan de grond vastgevroren zijn.
De ratten zullen er als eerste aan knagen.

Ik kom bij mijn deur.
Ik heb honger.
Ik ben uitgeput.
Zak of jas?
Waar zijn mijn sleutels?
Ik heb mijn verdomde sleutels niet!

Ik moet weer de kou in.
Ik moet weer
de metro
terug naar mijn werk
om die verdomde sleutels van mijn bureau te halen!

Maar voordat ik dat allemaal doe,
moet ik nog langs
die verdomde Penne alla vodka...

De UFC-vechters

Dit zijn de dapperste zielen.
Dat moeten ze ook wel zijn.
Ze moeten alles opofferen om te winnen.
De uren vliegen voorbij in de sportschool.
Nee, de tijd verstrijkt in dagen, weken en maanden.
Soms is de kans
waar ze al jaren op hebben gewacht.

Lange periodes van zelfdiscipline.
Familie, vrienden, echtgenoten en echtgenotes worden vreemden.
Ze blijven verborgen in koude sportzalen.
Ze sparen en trainen.
Ze hongeren.
Ze blijven gefocust in een wereld vol twijfel,
maar ze mogen nooit twijfelen.
Op het moment dat ze beginnen, verliezen ze voor altijd.

Er is een wilde vrouw of man voor nodig om in dit spel te blijven.
Wie met gezond verstand sluit zijn ogen
en zich voorstelt dat er stoten en trappen naar hen worden uitgedeeld,
manoeuvreren voor spiegels,
terwijl ze de hele tijd gedwongen worden,
de hele tijd
naar zijn grootste tegenstander te kijken...
zichzelf
zich afvragend, zich afvragend,
zijn ze goed genoeg?
Ja, ja, daarom zijn ze vechters geworden!

Ze hebben zichzelf tot het uiterste gedreven
tot het uiterste van menselijke waanzin.
De grenzen zijn slechts een paar stappen verwijderd,
Het zou voor hen zoveel makkelijker zijn om te springen.
Net als de rest van ons.
Maar dat doen ze niet,
ze kijken naar beneden en kunnen het niet verdragen om gewone stervelingen te zijn.
Hun levensdoel vraagt om meer.

Het trieste is dat voor de meesten
de portemonnee altijd dun zal blijven.
De portemonnee kan zelfs helemaal verdwijnen.
De leeftijd heeft te veel slachtoffers gemaakt,
en zelfs de besten moeten begrijpen
dat leeftijd een einde maakt aan alles.

Voor de uitverkorenen,
degenen die geen van deze realiteiten kunnen accepteren,
degenen die aan niets anders kunnen denken,
zich niet kunnen voorstellen iets anders te doen,
degenen die geen angst kennen
degenen die bereid zijn te sterven,
het soort individuen dat we allemaal zouden willen,
,
degenen naar wie we uitkijken,
degenen voor wie we bidden,
degenen voor wie we ons zorgen maken,
degenen om wie we huilen,
ongeacht of ze winnen of verliezen,

Een leven, een vechter
gewijd aan de UFC.

Ontkenning is een deugd.

De andere kant van de tijd

Tijd,
is die verdomde helikopter boven je hoofd.
Die boven elke beweging zweeft.
Een verdomde herinnering aan wat je wilde
en
hoe weinig je hebt.

Ik ben altijd gehaast.
Haast
Haast...
Rot op, haast!

Ik geloof niet in 'het moest zo zijn'.
Nee
rot op, man, als je dat gelooft.
Ik ga ervoor zorgen dat het gebeurt.
Ik ben veel te koppig.
Ik ben veel te ambitieus.
Ik ben veel te gek.

Ik ga het bereiken.
Echt waar!
Wat tijd betreft,
die zal niet aan mijn kant staan.

American Chess

(Alledaagse oneerlijke helden)

De kinderen zullen erover leren,
manieren waarop ze kunnen manoeuvreren,
zich kunnen bewegen,
en kunnen ontwijken.
Ze zullen spelen met empathie
en gebruiken emotie om hun onvermogen te verbergen,
hun leven als afleiding.

In dit spel van het leven
zullen ze profiteren van de mazen in de wet,
ze worden meesters in sociale misleiding,
ontkrachten ijver,
discipline,
en toewijding,
getraind om af te wijzen
alles wat glanst van verantwoordelijkheid,
bedreven in passieve agressie -
niets aansprakelijk -
met niets gemaakt
niets verplaatst
niets
helemaal niets.

De leraren zullen hen dit leren
omdat de leraren ooit zelf zo waren.
Het behandelde onderwerp verhulde
een oogverblindende vertoning van subjectieve
aanpassingsvermogen.
Verward door de leraren,
in de war gebracht door de ouders,
leren ze verward te zijn
door degenen die ze het meest bewonderen.

We groeien op in een samenleving die
ons in hokjes plaatst
ons beloont
ons labelt.
Al te snel vindt ze een manier om ons te kleineren,
waardoor volwassenen worden klaargestoomd om eindeloos
tegen elkaar te strijden.

Want hoe snel veranderen we
als we geen
het applaus krijgen?
Dan komt het kwaad naar boven.
De groei van wat dan ook wordt onderdrukt.
Het eindeloze verlangen om
gewenst en gewaardeerd te worden,
een misvatting dat we in een prestigieuze positie moeten worden
geplaatst
in een prestigieuze positie geplaatst moeten worden,
een voorspelling van het verlies van ons potentieel,
dat is wat we hebben geleerd.
En dus
Amerikanen worden opgevoed om zich terug te trekken.

Ze zeggen dat geestelijke gezondheid ons allemaal zal redden,
maar hoe kunnen we de therapeut geloven die zelf therapie nodig
heeft
of ons medicijnen voorschrijft om ons
ze nodig te hebben
hen te blijven betalen,

het belastinggeld van de hardst werkenden
uitgegeven aan degenen die
handelen,
die slecht zijn opgevoed,
die weten dat manipulatie beter is dan welk talent dan ook?

Zij spelen het beste spel.
De vooruitgang van het land zal door het spel worden belemmerd.
Angst voor nalatigheid zal de vlammen doen oplaaien.
Iedereen zal verbranden door de
onverdraaglijke
begrijpelijke
waanzin
van het spel.

Voor degenen die vechten voor eer,
alleen op de loer liggen en creëren,
zullen de dobbelstenen rollen,
de cijfers zullen liegen,
en ze zullen nooit de bank breken.

Wanneer het kind
huilt
smeekt
ons een eerlijk antwoord geeft,
doen we het af als zwakte.
Wanneer het kind
stil
probeert zijn leven te nemen
waar hij zich verschuilt achter een masker van bedrog,
noemen we hem dapper.
Het land geeft hem geld, een huis, eten en een therapeut.
Alle aandacht
die hij ooit van ons zou kunnen verwachten.

Eerlijkheid is gevaarlijk.
Degenen die de waarheid dragen
worden naïeve slachtoffers van het spel.
Het keert zich tegen hen.
Het vreet hen op.
Het maakt hen tot werkbijen,
verwerpt het intellect dat ze koesteren,
plaatst hen ver weg van
de macht

innovatie
en plaatst hen in plaats daarvan onder leiding van monsters,
die ervoor zorgen dat vooruitgang in zichzelf vervalt,
alsof het een brug is,
die zo lang is gebouwd,
maar net als de laatste pin blijft
de hele constructie instort,
om vervolgens het project opnieuw te beginnen.

Dit is Amerika.
Dit is de prijs die hardwerkende mensen betalen.
Dit is het land van de vrijheid.
Dit is het land van de onzorgvuldigen.
We koesteren ons in een trieste wanorde,
chaos vermengd met klinkende onwetendheid gebaseerd op
de vertragingen in
ontwikkeling
mogelijkheid
en ambities.

De regering zal ons vertellen wat ze wil.
De media zullen laten zien
wat iemand anders hen betaalt om ons te laten zien.
De mensen zullen hen geloven
geven hun leven
om te horen wat hen wordt opgedragen.
Ze zullen volgen als kuddes antilopen naar water.
Ze zoeken niets anders dan
de gemakkelijkste richting
om te eten en het voedsel te verteren
en het vervolgens uit te poepen;
om vervolgens, wanneer ze weer honger hebben,
op zoek naar het volgende feestmaal.

De beweging blijft heftig en zonder richting.
Onze intuïtie is neergeslagen.
De geest van elke man wordt uit hem gerukt
voordat hij de tijd heeft gehad zich te committeren.

De donkerste dagen worden nog donkerder
door de dreigende teleurstelling.
Het innerlijke ongeloof.
De jagers wachten op hun prooi,
de prooi is al verslagen.

Briljante mannen werden winkelbedienden.
Winkelbedienden worden presidenten.
Als het papier maar vanaf het begin blanco was geweest,
zouden de leraren ons toestaan om te onderzoeken.
Als de doelen maar samenhangend waren,
dan zou vooruitgang kunnen zegevieren.
Als het spel maar niet bestond,
dan zou de waanzin onze geest niet verpesten.

Een glinsterende cape wacht om over onze ogen te worden geslagen,
de aandacht wordt afgeleid
door deze afleiding -
of die afleiding,
met nog meer afleiding in het verschiet,
totdat niets meer duidelijk is.
Mist hangt voor ons,
en houdt ons nederig.
En als we durven om er voorbij te kijken,
zullen onze ogen zich sluiten,
blijven ze gesloten,
totdat we weer zelfgenoegzaam worden.

Het kan je neerslachtig maken.
Vervolgens komt het schuldgevoel,
aangewakkerd door je intellectuele drang
door diep nadenken.

Aders van sublieme contemplatie pompen
en wanneer het bloed zich verzamelt,
geeft het een somber gevoel van hopeloosheid.
Elk lichaamsdeel
wordt zwaar en het wordt moeilijker om te bewegen.

Maar de onderdanige zoekers verzetten zich hiertegen.
Zij geloven in zuiverheid.
Ze inspireren de minderheid om te geloven
dat het moet veranderen.
Een enthousiasme trekt hen weg van de gekke machinaties van
het leven.
Staand,
op een schaakbord zonder stukken.
Waar alleen de velden bewegen.
Elke stap wordt gecontroleerd door het bord.
Niet wetende
maar gelovend
dat het mogelijk is
om te overwinnen.

Stadstrappen

Het einde van de week -
Somber grijnst het zonder daadkracht.
Stadsstappen klappen op de stoep
en creëren een smerige melodie van ellende.

Vastbesloten om te luisteren
sluit ik mijn ogen,
ik beweeg niet.

Wat een stad.
Wat een triest lied.
Wat een vreemde manier om mijn ziel te kalmeren.

Overdenken is een natuurlijk gevolg van het leven in New York City.

Fouten

Er zijn fouten gemaakt.
Helaas
zijn er veel geweest.
Ik hoop dat je er niet zoveel hebt verzameld.
Ik hoop dat echt niet voor je.

Maar

als je er een paar hebt, wees dan niet te streng voor jezelf.
Graaf niet in het verleden.
Het is een misleidende drank.

En

als je het toelaat,
zal het in je aderen blijven hangen.
Het zal elk orgaan binnendringen,
en je ziel binnendringen.

Maar

stop het voordat het je hart binnendringt.
Ja, fouten kunnen dat doen.

En

ik hoop dat ze zeldzaam zijn.
Ik hoop dat je de moed hebt om jezelf te vergeven.
Ik hoop dat je dapper kunt zijn,
want er zullen altijd fouten zijn.

Giet het maar over me heen

De wereld is niet zo hard.
Echt niet.
Wij maken het moeilijker.
Dit komt voort uit
dingen die we niet nodig hebben,
plaatsen waar we liever zouden zijn,
mensen die we nooit zullen zijn.

Voor mij is het anders.
Het is anders voor ons.
En de obstakels in ons leven betekenen niets.
Ze zijn een fluwelen konijn,
die ons weglokken naar een fantasierijke luchtspiegeling van bedrog.

Er is moed voor nodig om gelukkig te zijn met je leven.
Het is oké om gelukkig te zijn.

Begrijp wat je echt wilt
en nooit stoppen totdat je dat bereikt hebt.
Er zijn geen regels voor dit spel.
De punten worden voor, tijdens en na de wedstrijd gescoord.
Soms doen punten er helemaal niet toe.

De wereld is niet zo hard.
Afgunst en minderwaardigheid maken ons tot verliezers.
De winnaars vechten nooit.
Ze weten wel beter.
Als je me nog steeds niet gelooft, is dat niet erg.
Je hoeft alleen maar naar buiten te gaan als het regent.
Dan wordt alles weer duidelijker.

De verliezer

Het was drie maanden geleden dat ik haar voor het laatst had gezien.
Ik geef toe dat de verzameling lege flessen en glazen
snel groeide tijdens die rimpel in de tijd.
Ik belde en sms'te haar 's avonds laat,
de context is nooit oprecht,
de vragen zijn altijd suggestief,
zoals: "Mag ik langskomen?"
of: "We moeten afspreken",
haar telefoon zoemt in de vroege uurtjes tussen 12 en 3 uur 's nachts.

Dat moet haar woedend hebben gemaakt.
Ik walg ervan.
Maar ondanks mijn walgelijke minachting
kwam ze op een avond toch langs.
Ze zag er geweldig uit,
net als altijd.

Ik wenste dat we de onzin konden vergeten,
een direct gevolg van mijn eerdere gedrag,
mijn egoïsme
mijn lasten.
Ik wilde alles vergeten en van die avond genieten.

De lampen langs de dwarsbalken van de bar hingen laag,
gesegmenteerde sprankels die kusjes bliezen
in de adem van de nazomer.
Ze kuste me toen niet.
Ze zei dat ik een loser was,
een teleurstelling en een complete verspilling van tijd.
Als ze eens wist hoe gelijk ze had.
Dat had ik haar kunnen vertellen toen we elkaar voor het eerst ontmoetten.

Ze was agressief,
in de hoop me te breken.
Het was een manier voor haar om zich weer binnen te wurmen
en ons gesprek te herstellen.
Ze koesterde de hopeloze overtuiging dat
we het eens zouden worden.
Haar aanpak stelde me teleur.
Als er maar meer compassie was geweest,
dan had het misschien gewerkt.

Mensen zeggen van alles
om terug te krijgen wat hen is afgenomen.
Ze doen het om
een reactie uit te lokken
een reactie
een test om te onderdrukken,
een evaluatie van hun rang.
Het is moeilijk om defensief te zijn
als je de zwakste speler in je eigen team bent.

Ik zei niets:
ik was een verliezer.
Ik vroeg me af of al dit geschrijf
dat ik had verzameld de moeite waard was om achter te laten,
of dat ze gelijk had dat ik moest doorgaan.

Ik begon aan mezelf te twijfelen.
Ze zou het niet begrijpen.
Ze wist niet dat ze slechts een fan was.
Ze zou nooit gelukkig worden met mij.
Daarom heb ik het haar niet toegestaan.
Omdat ik niet aan mezelf kan twijfelen,
en niemand echt weet hoe hij met iemand moet omgaan.
Dat weet ik zeker.

Misschien leest ze deze verdomde woorden ooit wel.
Als ik geluk heb, zullen ze dingen duidelijk maken.
Misschien krijgt ze dan de uitleg die ze nodig heeft.
Ik hoop dat ze er vrede mee kan hebben.
Ze zal beseffen dat het niet de moeite waard is om met een loser om te gaan.

Mijn leven zou beter kunnen zijn,
als ik er niet in hoefde te leven.

Ik zou je mijn ziel geven, maar we zijn blut, schat

Ik geef het toe; ik heb het je niet gemakkelijk gemaakt.
Nee, ik heb mezelf nooit goed genoeg gekend.
Ik kon ook nooit beslissen wie je was.
Ik denk dat ik erop vertrouwde dat
we iets waren om in te geloven.

Twee jaar lang deze chaos.
Twee jaar lang geprobeerd om iets te repareren.
Twee jaar van ontbrekende stukjes.
Twee jaar lang onderhoud.
Twee jaar...

Ik heb er geen spijt van.
Ik herinner me nog steeds het moment waarop ik voor je viel.
Die zomer – ik heb me nog nooit zo levend gevoeld.

Ik keek in je gezicht.
Ik wilde er voor altijd in kijken.

Ik weet niet wat er veranderd zou zijn
als ik in Maine was gebleven,
als ik was gestopt en was teruggegaan naar het strandhuis.
De tranen stroomden over mijn wangen,
Atlas Hands zoemde in mijn oren.
De koelte van het raamglas was mijn enige afleiding.
Ik was doodsbang voor wat er zou gebeuren
in New York, New York.
Alles veranderde.

Je kwam voor mij – ik wist dat je dat zou doen.

Maar ik kende je toen nog niet.
We moesten opnieuw beginnen.
Nadat we elkaar hadden leren kennen,
kwamen we erachter dat het niet klopte,
maar we hielden vast aan die zomer...

Het aan en uit gaan
maakte me blind.
Ik vroeg me elke dag af of ik ooit weer zou kunnen zien.
Ik wilde dat wij ook konden zien, gewoon zien,
maar ik denk dat het niet zo eenvoudig is.

Ik werkte, bracht offers en hoopte op het beste.
Er waren zoveel momenten dat ik wilde opgeven.
Maar ik heb me nog nooit zo gelukkig gevoeld met jou.
Ik weet dat je hetzelfde wilde voelen.
Maar ik heb nooit het gevoel gehad dat je dat kon.
Je leek er nog niet klaar voor.

Je was een kwetsbaar ree,
ik wilde je sterker maken.
Ik wilde dat je je sterker voelde.

Je kunt niet sterk zijn als degene van wie je houdt zwak is.

Er is kracht voor nodig om alleen te zijn.
Ik denk dat geen van ons beiden genoeg kracht had om alleen te zijn.
Tot nu toe, tenminste.

Er zit een klein scheurtje in mijn hart.
Af en toe lekt het.
Daardoor kan een deel van jouw liefde wegvloeien.
Dat is iets wat ik nog steeds aan het herstellen ben.

Maar –
ik ben geërgerd, moe en blut.

Ik moet verder

Je moet verder gaan.

Ik herinner me je in het licht.
Ik wil egoïstisch de momenten vergeten waarop ik je in het donker heb geplaatst.
Ik weet dat je je gekweld voelde.
Ik weet dat je dacht dat je me alles gaf.
Ik weet dat je dacht dat ik dat niet deed.
En dat is oké, want dat is je goed recht.
Maar weet alsjeblieft dat ik je toewijding niet ben vergeten.
Hoe zou ik zoiets kostbaars ooit kunnen vergeten?

Verdomme, dit is klote!
Daar gaat mijn humeur weer.
Ik zou je nu bellen.
Ik zou het nog een keer proberen...
Je zou hier zijn, dat weet ik zeker.
Maar ik stop er nu mee...
Ik moet stoppen...

Ik herinner me je van twee jaar geleden.
Ik herinner me je donkere haar.
Ik herinner me je perfecte lippen.
Ik herinner me je kwetsbaarheid.
Ik herinner me je gezicht – voor altijd.
Ik herinner me dat we voor elkaar vielen.
Ik herinner me je liefde
Ik herinner me onze – nee – ik laat mezelf daar niet aan toegeven.

Want herinneringen zijn niets meer dan tijdelijke gelukzaligheid.

En ik kies ervoor om jou vanavond te herinneren.

Kijk naar rechts

Het is vijf jaar geleden dat ik voor het laatst naar buiten keek
de linkerkant van een auto keek.
In taxi's zit ik altijd zo dat ik Long Island City kan zien door
de kabels die de Queensboro Bridge ondersteunen.
In de verte, bijna het water rakend,
het neon Coca-Cola-bord
over Gantry State Park.

Roosevelt Island is moeilijk te bereiken met de metro.
Dus tijdens de lunch maak ik wandelingen langs 59th
en loop ik onder grote overhangende bruggen door
die jaren voor mijn geboorte zijn gebouwd.

Ik kom bij de waterkant,
en denk ik erover na.
Stadsdelen verdeeld door rivieren en beken.
Alleen hier kan ik naar links kijken.

Wispelturige dwazen

We verlangen naar een gevoel van verbondenheid.
Daarom vertrouwen we elkaar gemakkelijk.
Dat zit in onze aard.
Een essentieel slachtoffer van de menselijke conditie.

Dit maakt ons kwetsbaar,
soms gebroken en verbrand,
wanneer we hopen dat de sombere lucht zonnestralen laat zien.

Iedereen is te druk,
gefocust op afleidingen,
waardering en integriteit vermijdend,
en zonder deze dingen paraderen we door de straten van Manhattan,
onszelf voor de gek houden.

Als we ons maar konden realiseren hoe volkomen rusteloos we zijn.
Het zou helpen als we even zouden stoppen
om na te denken
om vragen te stellen
om iets wezenlijks toe te geven.
Maar hoe kan dat gebeuren?
We zijn niets anders dan wispelturige dwazen.

Hoop en cynisme zijn als mannen en vrouwen,
compatibel als ze ten einde raad zijn.

Een schot om de eenzaamheid te vergeten

(Nieuwjaar, dezelfde tijd)

De straten waren gisteravond niets voor mij,
maar ik liep er toch.
Het jaar ging voorbij
en ik, nou ja, ik wist niet wie ik aan het worden was.
Ik had mijn vrienden achtergelaten op het feest
nadat we nog een laatste shot hadden genomen.
Een laatste slok, een feestje om te vergeten.
Of op zijn minst
om de teleurstellingen te verzachten
die vorig jaar waren ontstaan
die dit jaar zouden komen.

En terwijl ik over straat liep,
begon ik te vergeten wat ik moest onthouden.
Het leek toen niet uit te maken, of ooit,
want herinneren leek
het ergste van alles.
Ik voelde me niet slecht omdat ik aan haar dacht,
maar ik voelde me wel slecht omdat ik aan haar dacht
terwijl ik met iemand anders was.
Ik bleef lopen in de hoop dat de injectie zijn werk zou doen.

14e en 3e - ik was halverwege.
Ik wenkte de taxi, maar hij stopte niet,
het nummer werd vager.
Ik was te blind om het verschil te zien.
Toen ik vooruit keek, zag ik een parade, een lange rij eenlingen,
een conglomeraat van nee-zeggers.
Ze zouden er vanavond het beste van maken.
Ze probeerden ook te vergeten.
En ik was aan het vergeten.

Terwijl ik langzaam de trap af kroop, was alles duidelijk.
Ik verstopte me onder het neonbord van de stomerij.
Mijn shirt was vies. Ik had het kunnen laten reinigen.

De urine raakte bijna mijn tenen,
maar ik voelde me toen lichter,
en het hielp me mijn doel duidelijker te maken.

Ik liep sneller.
De armen van een andere tegenstander wachtten op me!
Ik zou haar snel binnen zijn.

De auto zwenkte uit en maakte me bijna kletsnat,
de plassen kwamen uit een diepe scheur in het wegdek,
het geld van de belastingbetaler, goed besteed.

De verwarring was tragisch,
de nummers van het gebouw waren moeilijk te lezen.
Rechterkant even - linkerkant oneven
Waar ligt in godsnaam 369 29e straat?
Ik ben hier te moe voor.
Ik ben hier te dronken voor.
Ik ben te nostalgisch... naar haar.

Ik ben bij een winkel gestopt en heb proviand gekocht.
De condooms waren nodig,
en ik moest mezelf beschermen.
De zak chips met verschillende soorten - nou, die was voor de zekerheid.
Iets om mezelf eraan te herinneren dat ik ooit jong was.
Vroeger was alles minder ingewikkeld.
Op een dag zal alles rustiger worden.

Naar de 8e verdieping en ik stormde naar binnen.
De boom verlicht, de cadeautjes van een week geleden verdwenen,
Ik gluurde door de deur.
Het gekraak van de pretzels maakte haar wakker.
Ik zette het neer - de hele zak - en kleedde me uit.
Langzaam gluurde ik onder de dekens,
net genoeg om haar zenuwen te prikkelen.

Geen van ons beiden wist wat er gebeurde,
maar we gingen ervoor zorgen dat het zou gebeuren.

Ik trok langzaam haar kamerjas uit
en ik merkte dat ze zich op mijn komst had voorbereid.

Neerslachtig binnen neerslachtig stootte ik langzaam,
me vasthoudend aan het metalen frame van het bed.
Geduldig vertelde ik haar de stappen die nodig waren voor -
voor de vorige haar.
Het werkte - maar ik was - ik kon niet -
mijn hoofd was vol.
Ik stopte niet - ik kon niet - het zou oneerlijk zijn.
Maar ik wilde het niet.

Ik deinsde langzaam terug na haar hoogtepunt.
Ik onthield me van zelfgenoegzaamheid.
Ik bleef daar.
Bij haar – maar verlangend om weer op straat te zijn.
Wandelen - waar dan ook
Misschien terug naar de bar?
Terug naar de shotjes?
Terug naar waar ik me niets hoefde te herinneren?

Op dat moment, met iemand anders,
dat ik niet kon,
ik haar niet kon vergeten.

Het pad van de veer

Ik denk dat iedereen overal naartoe kan gaan waar hij wil.
En nee, ik bedoel niet in je hoofd.
Nee, dat zwaait en fladdert als een losse veer van een vogel.
Het valt op plaatsen die worden bepaald door de elementen.
Ik pak de veer liever vast en
hem op de plek te steken waar hij hoort te zijn.

Het is vredig,
zoals wanneer je naar een liedje luistert
en je begint te huilen zonder reden
behalve omdat je het prachtig imperfect vindt,
net als jij,
net als iedereen.

Het is beter om je er gewoon aan over te geven.

Of zoals de plotselinge rilling
die je voelt na het horen van een lage stem
die je kalmeert van alles wat je angstig heeft gemaakt.
Het maakt niet uit en de kippenvel komt op,
en het is het enige gevoel dat je wilt hebben.
Het is gewoon perfect.
Het is triest, maar op de gelukkigste manier.

Ik vraag me af waar de veer nu naartoe zal vliegen?
Ik volg de wind totdat ik de weg van de veer wil stoppen.
Drijvend - ik word gehinderd door
een koers die door iets of iemand anders wordt bepaald.

Seks

Goede seks is moeilijk te vinden.
Het heeft niets te maken met de fysieke daad zelf.
Verdorie, het voelt goed, hoe slecht of vaak het ook gebeurt,
en dat is mijn probleem.
Het is alleen goed als je je op je gemak voelt.

Ik geniet van elk aspect van twee mensen die samenkomen,
Kwetsbaar.
Verlangend.
Waar het goede niet altijd past.

De snelheid waarmee we seks hebben is te hoog
te snel
te kort
te voortijdig.
Je lacht,
maar dat is juist om alle redenen waarom je dat niet zou moeten doen.

Heb je ooit seks gehad met iemand
en daar meteen spijt van gehad?
Heb je ooit seks gehad en gewenst dat je had gewacht?
Heb je ooit seks gehad en bij jezelf gedacht dat je wenste dat je het niet had gedaan?
omdat je het om de verkeerde redenen hebt gedaan?
Misschien komen deze vragen later
nadat de opwinding van de daad is weggeëbd.

De laatste tijd heb ik het gevoel dat ik mezelf
mezelf en de vrouwen met wie ik seks heb gehad.
Als het voorbij is, zegt niemand iets.
Ik doe het omdat ik niet gepakt wil worden.
Zij doen het niet omdat ze weten
dat is precies wat ik denk.
Vroeger genoot ik van seks, zelfs nadat het voorbij was.
Nu geniet ik ervan,
maar daarna kan ik niet wachten tot het voorbij is.

Seks, als snelle oplossing, is chronisch gelukssloos.
Lust is een obsessie,
en ontstaat bij gebrek aan bevestiging.
Dus gaan we verder met het zoeken naar iets dat er niet is.
Een egoïstische herinnering dat we begeerlijk zijn.

Pas als we wachten,
wanneer we de tijd nemen om voorbij te gaan aan
de ijdelheden die met seks gepaard gaan,
om honderd nachten gezelschap in te ruilen
te ruilen voor één opgebouwde nacht
wanneer het goed is,
wanneer het zo goed is
dat je het nooit meer met iemand anders wilt doen.
Maar dat is moeilijk te vinden.
Alles wat goed is, is dat.

Magie
komt pas nadat je te vaak hebt gefaald
en je schoonheid
geen andere keuze heeft
dan zichzelf te bevrijden.

Vermomd door de rel

Er is altijd dat kleine deel.
Het blijft onopgemerkt totdat de zijdezachte façade zichzelf blootgeeft.
Het is het enige dat ons tegenhoudt.

Het veroorzaakt angst.
Het zorgt voor aarzeling.
Je zou het zelfs een ziekte kunnen noemen.

We kunnen er volledig door verloren gaan.
Zonder de strijd
zouden we niets zijn.

We moeten ertegen vechten,
we moeten,
de onzekerheden en de demonen opzij schuiven.

Grijp de kans.
Neem de kans op jezelf.
Neem de kans voor je vrienden.
Neem de kans voor je vriendin of vriend.
Grijp die kans...

Als je dat niet doet, heb je niets.
Het heeft niets te maken
met de bewondering van de wereld.
Dat heeft het niet.
En als je denkt dat het daar allemaal om draait, dan verstop je jezelf.

Laat het gewoon los.
Laat het gewoon los.
Laat het gewoon los.

Alles wat je ooit zou kunnen willen, zal komen.
Je moet het toestaan om in je leven te komen.

En als je dat eenmaal hebt gedaan, zal het niet meer verdwijnen.

Misbruik het niet: het is gemakkelijk om het weg te duwen.
Koester het.
Het is de enige verantwoordelijkheid die de moeite waard is.
Alleen jij kunt het verpesten.

Je kunt wankelen, maar je kunt altijd verzoenen.
Te veel misvattingen zullen de zuiverheid ervan aantasten.
Wees dus voorzichtig met wat je hebt.
De slechtste plek waar iemand kan zijn
Is verloren.

Kleine nietszeggendheden

Er is veel verlies,
Verlies van vrienden
Verlies van jeugd
Verlies van kansen
Verlies van gelukkige mensen
Verlies van verdrietige mensen
Verlies

De straten dragen dat verlies met ons mee.
Gezichten die op zoek zijn naar iets,
een schram
een litteken
een steek
Iets om ons weer te laten bloeden van gevoel.
Begaand door de verdoemenis van het verleden,
een tikkende tijdbom verzameld uit
de media
de overheid
de scholen
de bazen
de vriendinnen
de vriendjes

Alles voert ons weg
van waar we zouden moeten zijn.
Het is geen wonder dat we niet krijgen
een blanco vel papier en een pen op de eerste schooldag.

Hoe onzorgvuldig zou het zijn om ons te vragen om
te schrijven
te tekenen
te scheuren
te slopen?

Keuzes maken,
dat is alles wat we vragen.

De hemel is vol sterren die een vriend nodig hebben.
Ze wachten op iemand die een wens doet.
Hopelijk valt degene die je kiest niet,
en de lucht betovert voordat hij uiteenvalt,
een intergalactisch vuurwerk,
een zwart niets.

Hoe mooi is het om zo eenzaam te zijn.

Zelfs explosies
vullen ons aanvankelijk
vullen ons met hoop.

Milk Run op 34th Ave.

(Astoria Calling)

Het bord van de delicatessenzaak is groen met gele letters.
Ik mis het,
zoals het vroeger was,
toen de achtergrond geel was
en de letters rood waren.
Een week geleden was het nog een waardeloos bord.
Ik vond het toen beter:
Dan zag de delicatessenzaak tenminste oud uit,
alsof het een soort monument was.
Nu ziet het er nieuw
en te gepolijst.
De groenten zagen er vroeger verdacht uit,
ik kocht alleen wat ik nodig had.
Ze bleven een dag goed,
misschien anderhalve dag, voordat ze rotten.
Nu, met de make-over van de winkel,
zien die groenten er verser uit:
Nog een van de optische illusies van het leven.

Alpha Laundromat zit vol,
ik hoef niet naar binnen te lopen om dat te weten.
De ramen aan de voorkant zijn beslagen.
Ik kan niet naar binnen kijken,
maar ik weet dat er vuile was, wasverzachterdoekjes en stapels
katoenen kleding in de sauna rondgaan.
Ik vraag me af of er ook Spaanse kinderen
binnen rondrent.
Wacht, daar is er een.
Ze hebben de neiging om weg te lopen van hun ouders
en gaan dan op de stoep spelen.
Als er een vreemdeling aankomt, rennen ze weer naar binnen.
Ze staren altijd naar de vreemdeling
voordat ze weer naar binnen gaan.
Ik ben al vaak aangestaard.

Grusko's is het trieste restaurant ter wereld.
Het is echter niet hun schuld,
het is gewoon een slechte locatiekeuze.
Is dat niet iets bijzonders?

Astoria, eigenlijk New York City,
op 34th Avenue,
bijna een dwarsstraat van Steinway,
een slechte locatie?
Dat is het zeker.
De enorme eetzaal ligt leeg.
De ober wast hetzelfde glas 10 keer
gedurende de avond.
Hij heeft niets beters te doen.
Grusko rookt een dikke sigaar aan de bar,
de reusachtige Griek met ogen zo groot als kappertjes.
Goed voor hem, je kon de droefheid er niet in zien.
En zelfs als je het probeerde,
zelfs als je heel dichtbij kwam,
zou je het nog steeds niet kunnen zien.
Je gezicht zou worden geblokkeerd door een rookwolk.

Ik loop langs Willy.
Hij probeert de lucht voor zich te grijpen.
Ik vraag me af waar hij heen gaat.
Hij kan onmogelijk de hele dag buiten bij de Rite Aid zitten.
Geen slechte plek om te zwerven, denk ik.
Je bent tenminste dicht bij de essentiële zaken.
Hij heeft zelfs een tijdschrift dat hij gebruikt voor persoonlijke zaken.
Ik heb er even naar gekeken en zag dat hij geïnteresseerd is in *Black Booty.*

Ik denk erover om Willy gedag te zeggen, maar doe het niet.
Wie weet wat hij zal doen of zeggen?
Ik zou me verplicht voelen om hem geld, eten of een moment van aandacht te geven.
Dus ik begin er niet aan.
Als ik het één keer doe, moet ik het elke keer doen.
Zelfs als ik dat niet wil,
moet ik het doen.
Ik neem het Willy niet kwalijk.
Nee, dat doe ik niet.

Hij is een mens.
Hij is kwetsbaar.
Hij probeert alleen maar een band te smeden.
Hij is net als iedereen.

Je weet hoe het gaat.
Als iemand eenmaal iemand een kans geeft, houdt hij die vast.
Ik denk dat ik Willy geen kans geef.
Die poging heeft persoonlijke gevolgen,
maar ik heb nu geen tijd,
ik moet melk halen.

Als alle hoop verdwenen is,
blijft er een klein beetje achter in een spleetje
waar je vergeet te kijken.

Drie is een menigte

Bovenop de stapel.
Ik ben geen klimmer meer.
Ik sta op de top.
Een ander meisje,
een andere nacht,

Dan verandert het.
De glamour verdwijnt
als de plassen in de riolen,
traag door de straten zwerven,
op zoek naar een uitweg.

Het is soms triest om er zo over na te denken,
maar zelfs water, zuiver water, raakt vervuild.

Ik heb geprobeerd mezelf te verdunnen.
Ik weet niet zeker of ik hard genoeg mijn best heb gedaan.
Die meisjes zullen gekwetst worden,
dat is zeker.
Het ergste is:
dat het door mij komt.

Ik voel me nu high,
maar binnenkort
zal het komen.
Ik ga terug naar de basis.
Ik zal weer gelukkig zijn.

De puurheid in alles
komt van degenen die klimmen.
Als je eenmaal de top hebt bereikt
kun je de dingen niet meer op dezelfde manier zien.
Je kunt anderen niet meer zien,
je ziet alleen jezelf.

Iceman

Als mijn zelfvertrouwen lijdt
ben ik smeltend ijs.
Omlaag
Down
Omlaag
Ik ga.

De plas.
Twee ogen drijven,
wensend.
Ik hoop dat ik mezelf kan herpakken.
Ik zou alles doen om weer heel te zijn.

Het ritme van mijn voetzolen vertraagt.
Ik heb iets nodig,
wat dan ook
om me overeind te helpen.
Glad en verzonken.

Hitte?
Nee, ik kan het niet aan.
Ik zou verdampen

tenzij de wolken afkoelen
en ik terugkom.
Druppels motregen.
Ze breken als wanorde op de glazen ramen,
en splijten
een langzame, zijdezachte rit naar beneden naar de basis.

Weer op de wereld drukken.
Het enige wat ik nodig heb is een koele nacht.
Het zal me sterker maken.
En die komt altijd,
ik weet alleen niet wanneer.

Ik steek de straat over
de volgende ochtend.
Een plas.
Ik spring eroverheen.
Het lijkt erop dat die man het niet verder heeft gered dan de lunch.

Een verontschuldigingsbriefje dat niet de moeite waard was om te versturen

Ik vind dit echt heel moeilijk. Ik weet dat ik je net heb ontmoet en dat we elkaar nauwelijks kennen. Maar ik vind het altijd moeilijk om mensen te vinden die me niet alleen begrijpen, maar me ook met open armen ontvangen. Ik ben vaak alleen – dat ben ik altijd geweest. Ik denk dat het een verdedigingsmechanisme is: als je alleen bent, hoef je je geen zorgen te maken dat je gekwetst wordt. Maar sinds ik je heb ontmoet, voel ik me anders. Op een vreemde manier heb ik het gevoel dat je me beter kent dan de meeste van mijn vrienden – ik denk dat dat een band schept; dat heb ik al een tijdje niet meer meegemaakt.

De emotionele achtbaan begon toen ik je voor het eerst verliet: "Eindelijk heb ik iemand gevonden bij wie ik mezelf kan zijn."

En nu, de laatste keer dat ik je verliet: "Waarom moest dit gebeuren, waarom, waarom?"

Het is normaal om op je hoede te zijn, om je af te vragen wie iemand werkelijk is. Het wordt nog erger als ze zich gek gedragen of fouten maken, omdat we allemaal kwetsbaar zijn - en we allemaal willen voorkomen dat we gekwetst worden. Ik weet dat je gekwetst bent door wat er gisteravond is gebeurd. Ik kan niet genoeg benadrukken hoe slecht ik me voel. En ik voel me soms ziek omdat ik me realiseer hoe dit jou moet hebben geraakt.

Voor mij zijn fouten normaal: we maken fouten, maar wat me echt raakt, is dat als we dit gewoon laten vallen, we misschien allebei een kans missen om met iemand samen te zijn die ons op ons gemak kan stellen. En dat is waar de verwondering begint - en ik weet dat voor jou het verlangen om je te verwonderen is onderdrukt, het is weggedrukt in een klein hoekje van je geest.

Maar bij mij klopt mijn hart nog steeds vol verwondering.

We zijn allemaal op zoek naar gemoedsrust - en ik geef toe dat ik die na onze ontmoeting nog niet had gevonden: het was te vroeg. Ik was in de ban van de opwinding en de spanning van alles, van jou, je charme, de dingen die we samen konden doen. Zoals je waarschijnlijk wel begrijpt, is spanning een van mijn zwakke punten. Het is moeilijk omdat ik zo graag bij je wilde zijn, maar dan was ik bang dat ik iets aan je zou ontdekken waardoor ik me van je zou afkeren, of dat ik zou worden ontmaskerd als iemand die je niet in je leven zou willen, of dat ik iets zou doen waardoor ik alles zou verpesten.

Ik heb met andere meisjes in de stad gedate, en om eerlijk te zijn, als zoiets met hen zou gebeuren, zou ik me slecht voelen – echt waar. Ik ben opgegroeid met alleen maar vrouwen, dus ik weet dat ze allemaal met respect en zorg behandeld moeten worden.

Net als jij.

Maar zoals ik al zei: als dit met iemand anders was gebeurd, zou ik mijn excuses aanbieden, maar waarschijnlijk zou ik het daarbij laten. Ik zou niet aandringen om nog eens met haar te praten. Bij jou is het anders: ik weet dat ik je net heb ontmoet, maar ik weet zeker dat je genoeg mensen hebt gedate om te weten dat als je een goede klik hebt met iemand, iemand die belangrijk voor je is, je je best doet, als je net als ik bent, om die relaties te redden, omdat ze zeldzaam, geweldig en tegelijkertijd heel eng zijn.

Ik had dit vorige week helemaal niet verwacht. Ik was bijna niet naar Jerry en Matt gegaan, maar ik deed het toch en toen ontmoette ik jou. Voor mij waren op de bank zitten en vrijdag in de bar zijn het leukste: we praatten, we praatten gewoon. Ik vind het soms moeilijk om met meisjes te praten; ik heb de neiging om mijn echte ik te verbergen en de grappenmaker in de kamer te spelen. Die avond deed ik minder alsof en stelde ik me heel snel open tegenover jou - en het leek alsof jij hetzelfde deed met mij.

Dat is iets bijzonders - en het is/was/zal heel speciaal voor me zijn.

Afgezien daarvan vind ik je natuurlijk ook heel aantrekkelijk en sensueel – ik hoop dat je dat ook weet. Dat is een belangrijk aspect van dit alles. En ik denk dat mijn vergissing hier misschien misleidend is geweest. Dat was niet mijn bedoeling: het kwam puur voort uit oprecht respect voor jou – ik zou nooit willen dat je het gevoel hebt dat ik het voorrecht heb om je lichaam aan te raken.

Sorry voor de lengte van dit bericht, maar zo werk ik mijn emoties meestal uit: 's nachts, alleen, als mijn dagelijkse afleidingen wegvallen en ik eindelijk kan nadenken over mijn gevoelens.

Ik weet niet waar we staan. Ik bedoel, we zijn nog maar net begonnen, maar als je me wilt, zou ik graag weer opstaan en langzaam weer op het goede spoor komen, totdat we samen kunnen rennen.

Met oprechte spijt en een optimistische blik,

Joe

Een leren notitieboekje
is niet nodig om creatief te zijn;
een pen en losse vellen papier
zijn net zo goed.

De man die ik vroeger was

Om trouw te blijven aan zichzelf,
dat is alles wat een man kan doen
of van zichzelf vragen.

Zonder dat
speel je alleen maar een rol.
De rol van iemand anders gaat boven je eigen verlangen.

Als je in je eigen ogen kijkt
zorg er dan voor dat je de man ziet die je hoort te zijn.
Dat is het enige in de wereld
waar je controle over hebt

Het is echt zo

Het is het enige dat je als heilig kunt beschouwen

Ik hoop dat ik weer eerlijk kan zijn – ja – ik heb er vertrouwen in
dat *dat* zal lukken.

Netflixitis

Nooit eerder was de samenleving zo'n toeschouwer.
Nutteloos staren naar apparaten.
Een hobby gebaseerd op afleiding.
Een opvulling voor gedachten.
"Ik moet mijn programma kijken."

Entertainment heeft niets te maken
met je kijkgedrag.
Het komt van mensen die zich laten inspireren
om groter te zijn dan zichzelf
door de media die hen aanspreken,
niet de vijandigheid van degenen die
het hebben aangedurfd om te proberen
het aandurfden om te falen
durfden te slagen

Ja, mensen,
het is
moeilijk
eng
en de wolven zullen je opeten

Kijk niet naar de volgende aflevering,
maak er zelf een.

Dansen met woorden

Soms leid ik.
Soms leiden zij mij.
De zinsbouw is het minste van mijn zorgen.
Hoewel ik voor altijd de vorm zou kunnen bestuderen,
zou ik verstrikt raken in de stappen als ik dat deed.
Mijn tenen en tenen zouden gaan knellen.
Dus werk ik met de woorden,
ik leer ze kennen.

Ik temper mijn enthousiasme over
waar de dans ons naartoe kan brengen.
Ik zou verliezen als ik alleen maar leidde.
De woorden zijn net zo belangrijk als mijn intentie.
Ze zijn gemaakt om me te helpen spreken.

Dus volg ik de cursor.
De witte pagina vult zich.
Elke stap vooruit voelt
net zo goed als een verrassende wending.
Een reeks verandert en bouwt zich op.
Onze voordracht helpt om een wonderbaarlijk...
Verhaal

En als het eenmaal voorbij is,
wanneer de woorden en ik vertrekken.
Blijft de dans op het papier achter.
Het blijft een leven lang bestaan.

Laten we drinken en kletsen.

Finders Keepers

Soms zou ik willen dat ik helemaal niets had.
Dat zou makkelijker zijn.
Geen rekeningen
Geen appartement
Geen baan
Geen vrienden
Geen vriendin
Geen ambitie
Geen drive

Als je niets hebt, kun je vrij zijn.
Misschien is het niet allemaal zo goed als het lijkt.
Dat is het probleem, denk ik.
Het draait allemaal om de urgentie om te weten.
Dat raakt ons allemaal.
Als je iets kwijt bent,
wil je het terug.

Daarom moeten we geloven in wat we hebben.
Maar is dat genoeg?
Het lijkt een onwinbare strijd.
Maar net als iedereen
weet ik niet hoe ik iets moet doen,
maar ik verwacht wel dat ik alles krijg.

Promotie

De beoordeling verliep vlekkeloos.
We hebben precies gedaan wat we moesten doen.
Niemand gaf een krimp terwijl het triviale geklets
mijn middelmatige lofbetuigingen overschaduwde.
De integriteit van het centrum
weerklonk als het gelach van hyena's.
Een bedwelmende cadans van onzin.
Onzin, ja, pure onzin.

Promotie

En ik zat – weer – en genoot van de valse zekerheid
van het werken voor iemand die geen
niets om mij geeft.
Maar ik werk.
Ik heb het geld nodig.
Ik moet iets doen.
Ik ben bijna tevreden en trap in de val.
Maar betekent deze baan niet iets?
Ik heb die zekerheid nodig,
een baan,
iets dat mijn bestaan definieert.
Het doel van weer een kalenderjaar:
perfecte aanwezigheid.

Promotie

Berekend door het meesterbrein van arrogante scheten,
de CEO en zijn handlangers – het algoritme van waarde:
de waarde van een mens teruggebracht tot statistieken,
de waarde van een man teruggebracht tot geld,
de waarde van een man – ondanks zijn strijd – ondanks zijn integriteit,
de waarde van een man die wordt gekleineerd door degenen
die kleiner zijn dan hij.

Promotie

Vals gelukkig door mijn eigen onzekerheden,
vallend voor de luchtspiegeling,
misleid door onware acceptatie.
Maakt het echt uit of ik me thuis voel?
Rechtvaardigt alleen zijn niet de betekenis ervan?
Heeft de waarde van een man alleen
voor zichzelf
niet iets betekenen?
De pixels op het scherm
een spektakel van kleuren creëert de beelden.
Ik staar naar de beelden.
Ik kijk op de klok:
nog 364 dagen te gaan,
tenzij dit de laatste keer is,
tenzij ik ervoor zorg dat dit de laatste keer is.
Maar ik weet niet hoe ik ervoor kan zorgen dat dit de laatste keer is.
Dus, tot volgend jaar.

Promotie

Tijdelijk gezelschap

Sommigen zullen vertrekken.
Eigenlijk zullen de meesten vertrekken.
Ik weet dat het ontmoedigend is.
De alledaagse gang van het leven
is beter in het gezelschap van vrienden.
De grootste gebeurtenissen waar je van droomt
zal nooit te vergelijken zijn met de oprechtheid van een
gezamenlijke ervaring
met anderen.
Het zal eindigen
en je zult boos zijn.
Je zult wensen dat je nooit zulke geweldige momenten samen had
gehad.
Het zal pijn doen als de ergste buikpijn die je ooit hebt gehad.
Ik kan je zeggen dat je niet verbitterd moet zijn,
maar ik ken die pijn.
Lange tijd alleen.
Je afvragend
waarom alles veranderd is?
Waarom ben jij veranderd?

We leiden een leven gebaseerd op een vage herinnering.

We gooien een lijn uit om iets te vangen dat perfect leek.
Maar niets is perfect.

Gezelschap komt terug naar degenen die het toelaten.
Het is slechts een kwestie van tijd voordat je weer bij hen bent.
Je voelt je weer heel.
Het is genoeg om je op de been te houden.
Het is genoeg om je vrienden door te laten gaan.
Het is net genoeg.
En je mag van geluk spreken dat je überhaupt iets krijgt.

Gekke momenten
herinneren ons eraan
dat hoe erg het ook wordt,
er altijd magie op je wacht.

Dromen terwijl je wakker bent

We lachten allemaal.
De uren gingen voorbij, net zo soepel als de Cabernet.
Ik bleef ronddraaien,
gefascineerd door hoe het langs de wanden van mijn glas gleed,
de druppels van de vloeistof die naar beneden stroomden
naar de rode zee van nooit meer.

Daar komen de Europese meisjes.
De vorige keer waren ze Spaans,
en de keer daarvoor waren ze Russisch.

Ik kan me niets herinneren van wat ze zeiden.
De sigarettenrook maakt het onmogelijk
om te liplezen.
Het lokale dialect maakt het nog verwarrender.
Al snel klinken ze allemaal hetzelfde.

Het is elke avond zo.
Zo gaat het al drie jaar.

"De volgende ronde is van mij!"
De volgende, volgende ronde – als die er komt – is van mij.
Het maakt niet uit of iemand toestemming vraagt om op mijn
rekening te drinken.
Ik weet niet wanneer ik voor het laatst
ik 'nee' heb gezegd.

Zo gaat de nacht voorbij.
We slapen terwijl we wakker zijn,
leven in duisternis,
een verschroeiende realiteit gebaseerd op een vibe.

In de ochtend
proberen we ons iets te herinneren.
Alles wat we hebben meegemaakt.
Alles wat we vergeten zijn.
Alles wat we gedroomd hebben.

Maar het wordt steeds moeilijker
om het verschil te zien.

Ga naar Muziek

Er zijn liedjes die je aan het huilen brengen.
Er zijn liedjes die je laten lachen.
Er zijn liedjes die je laten ontspannen.

Maar
wanneer een liedje je raakt,
wanneer het een gevoel van opluchting geeft,
alsof de lasten van het leven van je af zijn gevallen,
een storm in je binnenste afkoelt,
een regenbui valt,
een regenboog verschijnt,
kristalhelder,
een vreemd visioen van schoonheid.

Er klinkt een lied.
Luister.
Speel het steeds opnieuw af.
Sluit je ogen.
Laat de dromen van gisteren
of die van 5, 10, 20 jaar geleden voorbij te komen.
Wees sereen en eenzaam.
Volgelingen van de massa zullen alleen proberen
iets dergelijks te begrijpen.

Wees alleen met je lied.
Laat de melodie je aderen binnendringen.
Het bloed stroomt naar elk deel
van je lichaam.
De zuurstof zal nieuw leven brengen.
De kilte van vrijheid vernietigt conformiteit.
Het is het enige dat je soms in leven houdt.
Er is niets beter dan loslaten.

Schep niet op over de geit

Je wilt het niet horen.
Echt niet.
Ja, je denkt dat je het wilt horen.
Je hebt zo hard gewerkt.
Je hebt geprobeerd indruk te maken op iedereen.
Maar je wilt het niet horen.

Ik heb het vaak gehoord.
Ik heb de opgetogenheid gevoeld,
de acceptatie,
De zoete sereniteit van dit alles.
Ik heb de lucht gevoeld.
Ik heb de wolken de hand geschud.

Maar je wilt het niet horen.
Het is onzin, weet je,
een compliment.
Het is maïsvoer.
Het is hun manier om je te laten weten dat je onder hen staat.
Maar ik eet geen maïs meer.

Ik heb het niet nodig.
Ik wil het niet.
Ik weet wat ik heb.
Ik weet dat het hun capaciteiten te boven gaat.
Ik weet
Ik weet het

Je zult het weten.
Luister niet naar hen.
Vertrouw niet op hen.
Verander niet voor hen.
Luister,
maar alleen naar jezelf!

Je hebt
de kwaliteiten
de passie.
Het zit allemaal in je.
Het heeft altijd in je gezeten.
Begin nu.
Begin opnieuw.
Begin gewoon.
Doe het gewoon!

Wachten zorgt er alleen maar voor dat het verdwijnt.
En als je wacht,
praat dan niet meer met me.
Ik wil niet dat je net als de rest wordt.
Dat wil ik niet.
Dat wil ik niet.
Doe het gewoon.
Stop niet voordat het klaar is.
Wees niet te blij dat het bijna klaar is.
Prijs jezelf niet voordat je weet dat het af is.
Maak het af!
Maak het af.
Verdorie!
Maak het af.

Als je dat doet, zul je verdrietig zijn.
Je wilt niet dat het voorbij is.
Je wilt niet dat het voorbij is.
Het was alles voor je.
Het was een deel van je.
Dan weet je dat het goed is.
Dan zie je dat alle klootzakken en eikels
gewoon idioten waren.
Ze konden nooit maken
wat jij hebt gecreëerd.

Laat ze de kolere krijgen.
Laat ze allemaal de kolere krijgen.
Geloof gewoon dat jij en alleen jij het kunt.
Want je bent geboren om het te doen.
Je bent ervoor gemaakt.
Daarna
zeg je geen woord meer.
Wees stil.
Weet dat het gedaan is.
Het maakt niet uit of iemand anders het weet.
Het maakt niet uit.
Echt niet.
Het maakt alleen voor jou uit.

Ik kan niet spreken zonder stem.
Ik kan niet luisteren zonder te horen.
Ik kan niet voelen zonder te schrijven.

Nerveus

Het komt weer op.
Mijn hart klopt als een gek.
Er komt rook uit mijn oren.
Ik kan nauwelijks ademen.
Soms zou ik willen dat het vuur gekalmeerd kon worden.

Maar het zal er altijd zijn:
het werk
de vrouwen
de klote writers block
zelfs de verdomde metro

Er is altijd wel iets.
Ik zou het allemaal achter me kunnen laten, denk ik.
Dan,
de angst,
de teleurstelling,
en de twijfel aan mezelf zouden verdwijnen.
Ik denk dat dat de makkelijke uitweg zou zijn,
de gemakkelijkste manier om aan frustratie te ontsnappen.

Mijn maag zou kalmeren als een meer,
en niet langer beuken met woeste golven.
Ik zou gemoedsrust vinden.
Ik zou eindelijk kunnen slapen
en slapen.
Alleen maar slapen.

Het zou dan kouder zijn.
Ik zou geen baan hebben.
Ik zou de vrouwen niet hebben.
Ik zou niet hoeven te schrijven.
Ik zou het koud hebben.

Ik wil niet bevriezen,
zelfs als ik door warm te blijven alles zou verliezen.
En dus,
stijgt het,
zoals altijd.
Ik kan er niets aan doen.
En dus
blijf ik schrijven.

De problemen in NYC

New York City kan echt een rotplek zijn.
Ik bedoel, wat moet een man dan doen?
Als hij op zoek is naar problemen, hoeft hij niet ver te zoeken.

Meestal vindt het hem wel.
De stad voedt zich daarmee,
en profiteert er in zekere zin van.

De problemen,
ik denk dat dat is waar het allemaal om draait.

Ik schrijf dit om 6 uur 's ochtends.
Ik kan nog niet eens uit het raam kijken.
Echt waar, er is net een ambulance gestopt
voor mijn appartement.
Blauwe en rode lichten dansen over mijn gezicht.
Over afleiding gesproken.

De problemen
en nog veel meer zal op me wachten.
Ik kan net zo goed eerst een douche nemen.
Nee,
laat maar zitten.
Ik heb er vandaag geen zin in.
En trouwens,
wie merkt het verschil?

Ogen

Ze zat tegenover me.
Haar ogen waren schaduwrijke kraaltjes
die blauw glinsterden in het licht.
Er was veel te zien in die ogen.
Ik zag vanaf het begin veel hoop.

Er waren nog andere dingen.
Ik zag momenten van verdriet.
Ik zag momenten van pijn.
Ik zag pijn in die ogen.
Wat ik vooral zag, was een gevoel van bescherming.

Ik wist dat ze overwoog me toe te laten,
maar dat het tijd zou kosten,
een kleine opening.
Dat gebeurde af en toe.
En terwijl mijn ogen groter werden
zag ik haar ogen minder uitnodigend worden,
als poorten naar een kasteel.

Ze wist niet zeker of ze me binnen wilde laten.
De bewakers stonden klaar.
Ik wist dat ik het vanavond niet zou halen.
Dat was oké,
ik was nog niet klaar voor een hinderlaag.

Misschien kon ik het de volgende keer proberen,
of misschien was dit mijn enige kans.
Ik wilde haar bereiken.
Maar het was niet meer aan mij.

Toen ze wegging,
bleef er één laatste herinnering over.
Haar woeste zwarte haar wapperde
en ze keek om.
Ik zag het blauw in haar ogen groeien.
Ik was er nog niet.
Ik was er niet.

Als ik wachtte,
zou ik er zijn,
Ik zal er snel zijn.

Druppels veroorzaken waanzin,
er is maar één grote druppel nodig
om me gek te maken!

Zet het op het spel

(Nieuw gevonden succes, te vergeven slechte gewoontes)

"Er is iets met die vent"
"Hij heeft het echt allemaal voor elkaar"
"Als hij de kamer binnenkomt, verandert de hele sfeer"

Ik heb deze dingen over mijzelf horen zeggen.
Ik denk dat dat is wat ze van me vinden.
Misschien is er zelfs sprake van enige jaloezie.
Maar voor mij
de man die ze denken dat alles voor elkaar heeft.
Nou,
ik ben jaloers op hen.

Ze hoeven zich geen zorgen te maken
of een kamer binnen te lopen terwijl ze zich ziek voelen,
bang om iets verkeerds te doen.
Elke slok die ik neem wordt
snel gevolgd door een volgende.

Ik kan niet anders dan me misplaatst voelen.

En terwijl ik een glimlach forceer en doorga met de grapjes
door de kamer,

wil ik het niet verpesten

Ik hoop vurig dat dat niet gebeurt.
Sip
Sip, sip
Sip. Sip, sip.
Oké jongen, je doet het goed.
Het wordt mistig
en ik moet op mijn hoede zijn
maar dat ben ik niet.

Dit is waar helden in schurken veranderen.

Er worden knuffels en kusjes op de wang uitgewisseld.
Ik houd het laatste glas vast.
De barmannen kennen mijn naam inmiddels.
Ze maken een uitzondering op de regels en schenken nog een laatste drankje in.
Ik wou dat ze dat niet deden.
maar het is niet hun schuld.

Ik heb ze misleid,
of misschien probeer ik mezelf voor de gek te houden.

Ik loop de koele nacht in.
De drukke straten zijn vol.
De stad ziet eruit zoals altijd:
een cocktail van twee gemengde gifstoffen,
hoop en wanhoop.

De gele taxi komt me ophalen.
Ik zou naar Tuttles kunnen gaan.
Shane zou de Malbec voor me klaar hebben staan.
Ik overweeg het,
maar ik ben tevreden vanavond.

Ik heb geluk vanavond.

Terug naar Astoria.
Terug naar mezelf.
De show is voorbij.
Het doek is gevallen.
Ik zit in mijn appartement.
Ik ben tevreden.
Ik ben op mijn gemak.

De volgende show is morgen.
Ik moet er klaar voor zijn.
Ik hoop dat ik mijn cues goed pak.
Ik hoop dat ik me kan aanpassen.
Ik hoop dat ik ze niet teleurstel.

Ik hoop dat ik de held kan blijven.

Vijver
(Alcoholparadijs)

Er is een aantrekkingskracht,
een verleiding.

Een vijver.

We denken dat het makkelijk is om erin te stappen.
Dus raken we het water aan.
We vinden het prettig aanvoelen.
Het is ongewoon.
We voelen ons alsof we deel uitmaken van iets groots.

De grootste grootsheid.

Tot aan onze benen.
Tot aan de middel.
Dieper en dieper.

Zo diep dat we worden verteerd.

Als we geluk hebben, herinneren we het ons.
We springen op.
Pas dan kunnen we weer ademen.

Dus haasten we ons naar buiten.
Droog voelen we ons op ons gemak.
Rillend kijken we toe.

Het gladde oppervlak van het water rimpelt als zijde.

Voor sommigen is het een lied.
Ze leunen voorover om beter te kunnen horen.
Het klinkt zo mooi.

Onverschillig vergeten we onze remmingen.

We doen alsof we denken dat de vijver ons geeft wat we nodig
hebben,
alles wat we ooit hebben gewild.

Dus zetten we die eerste stap.
En dan de volgende.
En de volgende.
Met elke stap voelen we de zwaartekracht van de vijver steeds meer.

Net als de vorige keer.

Op een dag stoppen we met bewegen.
Onze laatste ademtocht verlaat ons.
Overweldigd door de omstandigheden.
Op dat moment lijkt de oever niet meer zo saai.

Hadden we ons maar niet laten verdrinken.

Als we hadden geweten dat we de vijver van een afstand moesten bewonderen.
Dan hadden we veilig aan de kant kunnen blijven.

Koffie gemorst

Een meisje in de trein morst haar koffie,
een volle kop.
Een plas van gezette, bruine bonen
vermengt zich met de melk.
Het ligt tussen haar voeten.
Ze kijkt toe met de andere passagiers
terwijl een enorme stroom zich uitstrekt
als wortels onder een boom.
Haar tenen raken de rand van cafeïne.
Het meisje zit met een chagrijnig gezicht.
Ze kijkt opzij,
zet haar bril wat beter op haar neus.
Anderen kijken boos.
Ze doet alsof ze het niet merkt,
en kiest ervoor om geen suiker te nemen
terwijl ze omgaat met de ellende van vandaag.

Wees jezelf, wees beter en wees mooi.

Als het echt moet

Als je het haar moet vertellen, vertel het haar dan echt.
Als je hart bonkt
omdat je aderen ermee volstromen,
vertel het haar dan.
Als het moeilijk is om te eten,
vertel het haar dan.

Als je het niet zeker weet,
vertel het haar dan niet.
Als je van plan bent het haar te vertellen
omdat je dan lekker seks kunt hebben,
vertel het haar dan niet.
Leugenachtige clips vleugels.
Te veel mannen, klaar om te vliegen, blijven aan de grond.

Ze wil het nu niet, ze gelooft in voor altijd.

Maar als je het haar vertelt, wees dan voorbereid.
Ze zal je misschien niet antwoorden.
Ze is er misschien nog niet klaar voor.
Maar als je het haar moet vertellen, zeg het dan.
Zeg het.
Zeg het voordat iemand anders het doet.
En er zal iemand anders zijn.
Ze liggen nu alleen op de loer,
en fantaseren over jouw vriendin.
Zeg het,
als je het echt meent.

Als ze besluit om weg te gaan nadat je het hebt gezegd,
laat haar dan gaan.
Probeer haar niet opnieuw te overtuigen.
Wees niet overtuigend.
Ze weet wat je hebt gezegd.
Ze weet wat je bedoelde.
Ze heeft haar hele leven gewacht om het te horen.
Waag echter de sprong.
Het is de enige goede kans die je krijgt.

Maar waarom zou je die kans nemen?
Wat als ze het niet terugzegt?
Wat als ze het wel terugzegt?
Wat als ze dat doet?

Laat je vleugels fladderen.
Je hart zal sneller gaan kloppen.
Je zicht zal helder zijn.
Alles zal euforisch worden.
Het is beter dan
geld
roem
of het hebben van een mooie vrouw...
die nooit klaar is om te vliegen.

Als ze dat zegt,
moet je het beschermen,
je moet het koesteren.
Want nadat je het haar hebt verteld,
moet je het laten zien.
En laat het zien!
Als je dat niet doet,
zal het allemaal een leugen lijken.

En als je liegt,
maak je het moeilijker voor mensen zoals wij.
Je maakt het moeilijk voor ons om het haar te vertellen.
Dus als je het haar moet vertellen, wees dan bereid om het haar te laten zien.

Holy Shit

We proberen fouten te herstellen,
de fouten die we vandaag hebben gemaakt,
die van gisteren,
en de ergste,
de diepgewortelde fouten,
die diep onder onze buik zitten,
komen terug naar ons
op momenten dat we dachten dat we ze vergeten waren.

Het is logisch dat we ze kwijt willen.
Gereinigd
Gered
Net als religie, denk ik.
Een bron van geloof.

Maar ik geloof niet in hogere machten.
Nee, ik denk dat het oplichterij is.
Een manier om munt te slaan uit de rauwe emoties van de mensheid.
Een truc om verlossing te verkopen.

Er is maar één persoon die je kan redden,
en
het reciteren van geschriften of het samenhouden van je handen
zal hem - haar - het - niet met jou verbinden.
Het is een mentale keuze.
Een keuze die voortkomt uit zelfvergeving.
Een keuze die geen blijk van toewijding vereist.
Het kan gebeuren wanneer je
je tanden poetst
of een hotdog eet,
of, verdorie, terwijl je naar een hond kijkt die poept.

Ja, je bent door een wonder geschapen,
maar die mensen of heilige raadsels maken jou niet.
Ze beïnvloeden ook niet
op jouw beslissingen,
je overtuigingen.

De fouten zullen komen.
Ze zullen zich opstapelen, net zoals het leven dat bedoeld heeft.
Het is jouw keuze om verder te gaan.
Alleen jij kunt de bezem pakken
en ze wegvegen.

Mooi gebrekkig

Sommige mensen kunnen zo prachtig gebrekkig zijn.
In het begin is dat misschien moeilijk te zien.
Het moet moeilijk voor hen zijn.
Ik wed dat ze zouden willen dat iemand hen kon genezen.
Wie ken jij
die dat ooit zou toegeven?
Niemand, denk ik.
Ze gaan verder, elegant als altijd,
zich afvragend hoe ze daar ooit terecht zijn gekomen.
Hoe komt iemand daar überhaupt terecht?
Het is eigenlijk triest.
Maar ze worden wakker in een nieuwe dag,
en leven op een vreemde manier met de lof van de samenleving,
hulpeloos door hun indruk,
en toch, ontzettend mooi.

Ik wil geen
verhalen horen,
ik wil
ze vertellen.

Bladeren

Ik vind het leuk om verdrietig te zijn... soms.
Het is het enige moment waarop ik weet dat ik nog leef.

Ruwe emoties kunnen net zo teruggetrokken zijn als nederigheid.
Begraven onder de bergen herfstbladeren,

wachtend op de kus van de winter,
bladeren bevroren onder sneeuwvlokken,

verborgen voor alle subjectiviteit,
zie ik eruit als iedereen.

Ik wacht op de lente,
het verdriet.

Het mag smelten,
de bladeren zijn bevuild.

Het is tijd om te harken.
Ik kan duidelijk zien

tot de volgende herfst,
en de herfst komt altijd dichterbij.

Gebroken glas

Ik ben vergeten het vuile glas in de gootsteen te zetten.
Verdorie! Ik zit in mijn stoel,
klaar om een film te kijken.
Ik moet het glas halen.
Ik heb er echt geen zin in.
Mijn gedachten dwalen af naar de taken van morgen,
de ondergeschikte taken die ons ontmoedigen,
opgestapeld, wachtend op de schop.

Het verdomde glas staart me aan.
Het staat op de rechterbovenrand van de barwagen.
Het is niet zo erg
maar ik gebruik het
als excuus voor al het andere.

Soms zou ik willen dat ik het lef had
om het glas op te pakken en tegen de muur te gooien.

Gewoon om wat stoom af te blazen.
Ik zou kijken hoe de cilinder bruisend door de lucht naar de muur glijdt en uiteenspat met het zoete geluid dat brekend glas maakt.
Een plof, een kraak en een klank.
Glasparels zouden als een waterval op de vloer vallen - elk een symfonie van tonen creërend,
een melodie die uniek was voor de krachten
van de op en neer bewegende gekristalliseerde scherven.

Ik wou dat ik het lef had om veel dingen te doen.

Maar ik heb al genoeg om me zorgen over te maken.
Ik haal het glas morgen voordat ik naar mijn werk ga.
Als ik het vergeet, zie ik later wel weer verder.

Jong gezelschap

Ik omring mezelf met jong gezelschap
om mijn kwetsbaarheid te vergeten.
Ouder worden is niet iets waar ik bang voor ben.
Het zijn de gevolgen van het ouder worden die me zorgen baren.
Ik ben bang dat ik zal vergeten hoe het is om fris te zijn.
Daarom omring ik mezelf met jonge mensen.

Zij zijn niet verlamd door onrust.
Er zit ambitie in hun ziel.
Ze zijn nog niet genoeg teleurgesteld om zich schuldig te voelen.
Er is een inerte gemeenschap
en ze zweven net zo naadloos als wolken in de lucht,
naast de levendige blauwe achtergrond
als witte slierten van pure onschuld.

Ik ben bijna dertig.
Mijn haar is dunner geworden.
Verdorie, ik weet dat ik het binnenkort allemaal kwijt zal zijn.
Mijn buik wordt sneller dikker dan vroeger,
de katers duren veel langer dan een dag,
maar dit komt niet in het hoofd van jonge mensen op.

Hoewel ze misschien grapjes maken over mijn leeftijd,
en zelfs al zie ik eruit als een enge kerel
die volwassen moet worden,
ze weten dat het anders is.
Ze zien het in mijn ogen.
De onverschrokken waan van een man die doorgaat,
die weigert zich door de wereld te laten beïnvloeden.

Als ik een verandering in hun ogen zie,
meestal wanneer ik het het minst verwacht,
wanneer de opgave de strijd overneemt,
wanneer de brullers ophouden met brullen,
dan moet ik op zoek naar nieuw gezelschap.
Ik kan niet in de buurt van iets anders zijn.
Ik kan het niet.
Ik kan het gewoon niet.

Ik zal altijd omringd zijn door jonge vrienden.
Ik leef van hun enthousiasme voor chaos.
Ik probeer meer berekenend te zijn,
want zelfs met mijn wijsheid
kan ik niet anders dan me laten meeslepen door hun
onhandelbaarheid,
wat door hun naïviteit wordt goedgepraat.
Soms, zelfs als ik weet
ik me aan de regels van de samenleving moet houden,
houd ik mezelf voor de gek, omdat ik weer
weer een gevoel van onoverwinnelijkheid te willen voelen.

Ik laat mezelf geloven.
Anders zou er heel weinig overblijven.
Ik zou net als die mensen worden die achterom kijken.
Ik zou besluiten dat die tijden voorbij zijn.
Herinneringen...
Je zou er niet bij willen zijn als dat zou gebeuren.
Je zou mijn droevige ogen nooit kunnen verdragen.

Dus ik houd vol.
De opwinding van de ontdekking weegt zwaarder dan
het bereiken van de eindbestemming.
En daarom bevind ik me in het gezelschap van jonge mensen.

Het verhaal eindigt nooit.

Iedereen is een beetje nep,
onthoud dat,
en je zult het ver schoppen.

De zon komt morgen weer op

Net als de sombere bewolking
verbergt een grijze deken gemakkelijk mijn standvastigheid.
Vandaag werd ik wakker met een heldere hemel.
De zon scheen op mijn gezicht.
Ik wilde me niet meer verstoppen.

Op de vlucht voor de waanzin in mij

(Radicaal moment van melancholie)

Ik denk dat we allemaal egoïstisch kunnen zijn,
maar verdorie,
is dat niet logisch?
De wereld, ons leven,
Het kan allemaal echt klote zijn.

Soms word ik wakker en hoop ik dat ik niet kan ruiken of proeven.
Dat zou beter zijn:
dan zou ik niet hoeven kokhalzen
van de stinkende feromonen van wanhoop, bedrog en onvervulde verwachtingen.

Ik hoop dat er zonnigere dagen zullen komen.
Ja, ik ben me ervan bewust hoe dramatisch deze passage is.
Ik haat het om dit te schrijven,
maar ik heb hier een momentje.
Shit!
Verdomme!
Moment

Op weg naar de Queensboro Bridge,
Crescent Avenue ligt altijd op mijn route.
Ik houd het consistent.
Ik loop alleen.
Daar ben ik blij om.

Ik wil niet dat iemand me zo ziet.
Ik zou nu kunnen huilen; er komen echt tranen in mijn ogen.
Dat zou ik niet moeten doen – en dat zal ik ook niet doen – maar om de een of andere reden wil ik het wel.
Als iemand me zo zou zien,
zou niemand meer bij me in de buurt willen zijn.

Maar waarom?

Voelen we ons niet allemaal wel eens somber?
Jazeker, maar we zeggen er verdomme niets over.
Ik haal diep adem.
Ik ren en mijn gedachten volgen mijn tempo.
Ik ben oké, ik ben oké.
Voorlopig.

Dat is het beste wat ik kan doen.
Dat is het beste wat iedereen kan doen.
Mijn voeten raken nauwelijks het trottoir,
maar het voelt alsof ze nog steeds lopen.
En ik weet niet zeker
of het me iets kan schelen
hoe lang.

Het Griekse eten bij Astoria-Ditmars Stop

Het eten ziet er hetzelfde uit.
Ik ben hier al meer dan tweehonderd keer geweest.
Ik weet niet wat het is, maar vandaag is het anders.

Ik zou er alles voor over hebben om onder de hemel van lichtjes
te lopen,
haar hand vasthoudend,
ook al weet ik zeker...
- Maar misschien had ik het mis.
Het maakt me niet meer uit wie gelijk heeft.

Ik zie de dingen anders.
Ik ben een cyclische rebel die wacht op de volgende sensatie.
Nu ben ik zekerder –
of probeer tenminste
mezelf ervan te overtuigen dat ik dat ben.
Het is gemakkelijk om voor een fantasie te vallen.

Ik kan maar zo snel bewegen.
Mijn handen kunnen maar een beperkt aantal stukken
vastpakken,
en ik wil haar vasthouden.
Misschien is zij uiteindelijk wel de enige die ik echt nodig heb.
Als zij er is, smaakt het eten in ieder geval beter.

Gedichten
dapper uitgedrukt
de ambiguïteit
in het leven.

Uitputting gedrenkt in pretentie

(Verstild door incongruentie)

Het belangrijkste om te weten is dat je veilig bent.
Maar het is verdomd moeilijk om dat ook zo te voelen.
Een predikaat gevormd door een illusie.
Je wordt er het slachtoffer van.
Langzaam kruip je terug,
niet langer misleid door illusies.
Het wordt al te snel voor iedereen hetzelfde:
een wanhopige dissonantie
die binnendringt in de kwetsbaarheid van je onzekerheid.
Als slachtoffer van remmingen
kun je het uitdagen.
Dat zou je moeten doen, maar het is frustrerend,
je zelfvertrouwen verlamd door resterende angst.
De ontluikende angst laat zijn tanden zien.
Het zal het enige zijn dat glimlacht,
geërgerd door de defaitisten in je hoofd.

Tussen de regels door

Alles heeft zijn kader,
gestructureerd om precies te passen zoals het hoort.
Ik lijk nooit degene te zijn die binnen de lijnen blijft.
Maar ik denk dat je dat soms wel moet doen.
Deze conformiteit gaat gepaard met een grimas.
De zwarte lijnen lijken niet te leiden.
Nee, in plaats daarvan beperken ze,
een belemmering die je naar waanzin drijft.
Naar overmatig drinken.
Tot eenzaamheid.
Naar schrijven.

Ze brengen je naar een plek ver weg
van degenen die met beperkingen leven.
Als ze zich maar zouden wagen aan de omringende witte ruimtes.
Durf daarheen te gaan.
Laat angst je niet in een kooi opsluiten,
zoals de tijger in de dierentuin,
een beest dat kan brullen.
Een beest dat geketend is, kan alleen maar toekijken.
Droom van een betere dag.
Droom om wakker te worden.
Droom om anders te zijn.
Gooi alles weg wat je bindt.

Er is een wild beest voor nodig om vrij te zijn,
en de meesten van ons hebben het vermogen om te schreeuwen.

Vast

Je zit niet vast.

Ik weet dat je jezelf in het dagelijks leven
op plaatsen,
in banen,
of met iemand die je niet geschikt vindt.
Misschien denk je dat je er niet uit kunt komen.

Je zit niet vast.

Je kunt eruit komen.
Je kunt verhuizen.
Je kunt stoppen.
Je kunt dingen verbreken.
Jij bent de enige die deze beslissing kan nemen.
De ellende van verandering is het enige
wat je tegenhoudt.
Waag de sprong.
Zoek de vrije baan.
Gooi de kaart weg .
Het leven is een chaotische snelweg.

Het is nooit te laat om opnieuw te beginnen.

Religie is oplichterij.
Ze zouden het geld aan een goed doel moeten geven.
Maar ja,
dat doel waarschijnlijk ook oplichterij zijn.

De rammelaar binnenin

Mijn hoofd zit vol
wordt overspoeld door te veel gedachten
die geen mens kan bevatten.

Hoe kan ik kiezen
of me op één concentreren?

Gewoon een overvloed aan mogelijkheden,
waardoor mijn zicht nog meer vertroebeld wordt.
De prikkel van vandaag zorgt voor een nieuwe storm.

Terug naar het begin

De A-trein rommelde over de rails.
Rockaway was niet in zicht,
maar we naderden Utica Ave.
Ik was nerveus.
Ik wist niet eens zeker of ik daar wel wilde zijn.
Ik dronk de Beck's uit de
grote Dunkin Doughnuts-koffiemok.
Het maakte me ontspannen.
Het kon me niet eens schelen dat we al
meer dan tweeënhalf uur hadden gereisd.

Ik zat nog na te trillen van de avond ervoor -
4 juli.
Het beest in de lucht lachte gisteravond.
Het was allemaal zo wazig voor mij.
Het leek alsof de lucht in brand stond.
Ik keek toe vanaf de stoep van een vreemde.
Ik had het de hele tijd vreselijk warm.
De sms'jes en de telefoontjes.
Het verlangen om bij iemand te zijn... wie dan ook.
Maar ik ben gisteravond met niemand meegegaan.
Ik dacht aan het meisje dat ik wilde,
hoe ze mij niet terug wilde.
En degenen die dat wel wilden
die kon ik ook niet willen.
Ik kende mezelf niet.
Ik ben bang voor verandering.
Op het punt staan om een man te worden
weegt zwaar op me.
Het decennium van losgelaten chaos
is deze zomer ten einde gekomen:
de feestjes, het drinken, het brutale gedrag,
de schaamteloze minachting voor het establishment,
de strijd die nooit gewonnen wordt.

Cynthia wist het niet,
maar ze deed me aan dit alles denken
terwijl we in de trein zaten,
en ze wist niet dat ik haar meenam naar een plek die mijn
twintiger jaren belichaamde.

De jeugd heeft een bepaalde visie die verloren gaat
bij degenen die zich ertegen verzetten.
Ik leerde hoezeer ik me tegen veel dingen verzette.
Mijn kansen
Mijn vrienden
Mezelf
Ik kreeg het af en toe terug
maar het leek makkelijker om alles gewoon weg te gooien.

Broadway Channel en we moesten overstappen.
Cynthia klaagde over haar vriend.
Ik luisterde,
maar realiseerde me dat ze het over iemand als ik had.

"Man" is een enge gedachte voor jongens.

Het is niet leuk om voor altijd een jongen te blijven,
hoe hard je ook je best doet.
Misschien was ik te streng voor mezelf.
Of misschien deed ik weer alsof.
Zelfspot kan gemakkelijk worden verzacht
als je overtuigend bent.
De pijn duurt maar net zo lang totdat je hem wegwrijft.
Maar hij blijft wel bestaan.
Ik leek vooral vatbaar voor meer aanvallen.
En ik wilde niet dat het ophield.
Ik was eraan gewend.
Ik had het nodig, denk ik.
Dan zou het me tenminste eraan herinneren
dat ik niet oud en saai aan het worden was.
Ik heb een prikkel, persoon of situatie nodig
waar ik elk moment van de dag mee bezig ben.
Als ik dan wakker werd met een hartverscheurend gevoel van
apathie, zou ik mijn betrokkenheid volledig verminderen.
Totdat ik er weer zin in had.

Daarom gingen we naar Rockaway.
Ik had daar altijd iets gevoeld.

Er vreselijk uitzien

Ik kwam moe op mijn werk aan –
en wat nog erger was
was hoe moe ik eruitzag.
Ik kon mijn vier uur slaap niet verbergen.
De late wekker.
De ongeschoren huid.
"Je gaat jezelf nog doodmaken als je niet gezonder gaat leven."
Bedankt, collega met drie kinderen.
"De dood, zeg je?"
Het leek een zegen.
Dan kon ik tenminste rusten.
Tot 2 of 3 uur 's nachts opblijven was niet bevorderlijk voor een
9-tot-5-baan.
Dat is het probleem met ambitie:
de koppige ziel kan niet worden gesust door mislukking.

Succes zal je niet doden –
maar de ambitie om dat te bereiken wel.

Dus door met het werk.
Door met de lange nachten typen.
Op naar de fouten die ik nog niet heb opgemerkt.
Want de glans straalt op degenen die er klaar voor zijn.
De rest blijft in de schaduw,
en ik weiger om in de duisternis van de hel te worden geworpen.

Ik kan niet anders dan verliefd zijn
van elk walgelijk aspect van
New York City.

De woede zal toenemen

Ik weet dat het er is.
Ik vind het leuk om te denken dat het weggaat.
Ik vind het fijn als het kookpunt zachtjes kookt
en tot rust komt in kalm water.

Maar het tij wacht elegant af.
Chaos is nabij.

Nu is alles rustig, ik heb alles onder controle,
maar ik heb geen controle over het getij.
Het tikt als een beest dat op zijn prooi wacht.
Wachtend om te exploderen.

Het komt op mijn meest kwetsbare moment.
Ik ben zwak en ik weet het.

De golf stijgt.
Ik stort in mezelf.
Iedereen om me heen kijkt teleurgesteld toe.
Het houdt niet op.

Het kan niet worden gestopt.
Alles aan mij is verkeerd.
Maar mijn kracht is nog nooit zo levendig geweest,

als die van een bokser. Hij wacht op het juiste moment.
Zijn excuus is om
te verpulveren...
zijn woede...
zijn angst...
zijn onmogelijkheden...

De machtigen heersen over wat ze kunnen controleren.
Ik ben weer buiten controle.

Ik haat het, maar het moet eruit.
Ja, ja – het moet.
Zo niet, dan zal de storm de volgende keer nog groter zijn.

Als je afgeleid bent, dan ben je net als iedereen

Misschien zoeken we afleiding.
Het geeft ons een middel om onze werkelijke bedoelingen te dwarsbomen.
Het stelt ons in staat om te ontsnappen
om te ontdekken wie we werkelijk zijn.
Op zulke momenten
kost het geen moeite.
Je hoeft niets onder ogen te zien.
Het weerhoudt je ervan om je angsten onder ogen te zien.
En je zult je nooit meer verloren voelen, tenzij je ermee stopt.
Maar zelfs als je doet alsof er nog tijd over is,
en alsof je "er wel komt als je er klaar voor bent",
zul je kansen missen.
Je zult nooit echt weten wat je kunt
omdat je te afgeleid bent om erachter te komen.

Zij, Terugkerend

Het is een beetje walgelijk.
Het is op een bepaalde manier mooi.
Het is een beetje afschuwelijk.

In alle opzichten
is het een beetje perfect.

Maar laat het maar zitten.
De hel ermee.
Het kan me niets meer schelen.
Tenzij ik een onverklaarbare reden heb om niet te voelen.

En fuck het.
Als ze er is,
als ze er niet is,
voel ik wel iets.

Ik herinner me haar.
Ik mis alles.
Zelfs de slechte dingen.
En dus
schrijf ik om haar te herinneren.

Rusteloze neigingen veranderen in
roekeloze melodieën.

Acteren in de werkelijkheid

Het gebeurt weer
en ik kan niet geloven dat ik het toestaat.
Elke creatie
Elk deel van mij
Alles wordt weggenomen
En ik laat het toe.
Die verdomde baas steelt het met een glimlach.
Het salaris is echter wel stabiel.
Komt het niet altijd op geld neer?
Ik heb het gevoel dat ik ben gekocht.
Ik weet zeker dat jij hetzelfde voelt.
Het is ziek – ja, bijna noodlottig,
een spreekwoordelijke ondergang.
Onze zielen worden verwaterd, belachelijk gemaakt en
achtergelaten met vragen.
Werk is een persoonlijk vagevuur
dat onze groeiende teleurstelling opsluit.
Het is moeilijk om de controle los te laten, maar we staan het toe.
Verpletterd door het besef dat we iets doen
onder ons potentieel.
Maar we klokken in.
De rekeningen worden betaald,
en nadat we hebben uitgeklokt,
terwijl we naar huis reizen,
vragen we ons af:
"Hoe kunnen we weer heel worden?"
"Hoe kunnen we deel uitmaken van iets
waarin we niet meer geloven?"
Maar we handelen, ons hokje is het hoofdpodium,
een klein gebied dat is aangewezen
om onze gedachten te beperken.
We werken voor individuen die nooit
de schoonheid begrijpen
die echt in jou, mij en alle anderen schuilt.
Langzaam, als kiezelstenen op het strand, is er verval.
Het zout en het getij doen
onze steeds dunner wordende integriteit
totdat we te kwetsbaar worden
en veranderen in zand
dat op de eindeloze kustlijn van het strand ligt.

Grin

Op weg naar huis van mijn werk,
hield ik me vast aan de leuning van de N-trein en keek naar haar.
Ze stond op haar onderlip te bijten.
Een verontrustend gezicht,
elke groef lijkt op een netwerk van wortels.
Haar rimpels groeven zich steeds dieper in de grond.

Ze dacht waarschijnlijk hetzelfde als ik:
weer een dag gewijd aan idioten.
Ik was helemaal niet blij,
mijn talenten verspild,
terwijl ik op de toetsen van het toetsenbord ramde
aan mijn bureau naast de reparateur,
de radiator klinkt als de klokken van de kerk op zondag,
mijn temporale kwabben rammelen,
mijn weerstand verzwakken.
Ik zou zo uitzinnig moeten zijn.

Nog een dag,
en ik zit gepropt in de trein,
een heleboel uitdrukkingsloze gezichten
die allemaal met hetzelfde verdomde complex te maken hebben.

De vrouw keek me even aan.
Ze ontspande haar lippen.
Misschien was het een wederzijds begrip.
Of misschien kon ze aan mijn gezicht zien
dat ik het nodig had.
Ze glimlachte:
een korte grijns, maar niettemin geruststellend.

Het herinnerde me eraan dat we er allemaal in zitten,
dit klote leven van arbeid:

samen,
zelfs als we ons ellendig voelen.
Dus glimlachte ik terug.
Dat voelde goed.
Ik zou vaker moeten glimlachen.
Dat zouden we allemaal moeten doen.

Afwijzing geeft je de kracht om de wereld te bewijzen dat ze ongelijk heeft.

Het lot drinken

Fate

is

een

drank

die

niet

eindigt

totdat

de

volgende

ochtend.

Het zal tijd kosten,
het zal langer duren dan je denkt,
het zal langer duren dan je dacht,
het zal je naar punten brengen waar je klaar
bent om op te geven,
maar als je uithoudingsvermogen de tegenslagen
kan overwinnen
weet je precies hoe lang het heeft geduurd om daar te komen.

Stadslawaai

Er is lawaai.
Altijd.
Zelfs in de stille momenten van eenzaamheid.

Het zoemende radiator.
De druppels water uit een kraan.
Het deksel van de vuilnisbak rammelt.

De gedachten.
Gedachten aan morgen.
Gedachten aan gisteren.
Gedachten aan de komende dagen.
En wat nog erger is... onverwachte geluiden.

Overrompeld.
Verlangend naar de kans om alles tot rust te brengen.
Op zoek naar een gevoel van controle.
Niet in staat om dat te doen.

Je zult eraan moeten wennen.
Ik raad je aan dat te doen.
Want het zal altijd luid blijven.
Luider... LUIDER.

Lawaai blijft bestaan, net als de lucht die je inademt.
Het is op de momenten dat je je adem inhoudt,
dat je de stilte kunt horen.

De toetsen bewegen

Mijn schrijfproces?
Ik heb de neiging om te wachten.
Ik begin met het opschrijven van woorden.
Woorden waarvan ik hoop dat ze zullen aanslaan.
Krachtig - verdrietig - liefdevol - verlangend - beangstigend - strijdend - beseffend - kalmerend.
Soms schrijf ik gewoon het woord 'woord'.
Dat herinnert me eraan dat het mijn doel is om woorden te schrijven.
Dat kan 's nachts zijn.
Het kan op een feestje zijn.
Het kan tijdens seks zijn.
Het kan zijn terwijl ik aan het poepen ben.
Het kan zijn wanneer een kind voorbij loopt
voorbij loopt met een blauwe rugzak en
ik ben jaloers om te zien
dat hij alles in de wereld heeft om naar uit te kijken.
Het kan de opgedroogde tandpasta op de lip van die kerel zijn.
Het kan de glimlach zijn die mijn grootvader altijd had.
Het kan de rand van een vuilnisbak zijn.
Het kan de geur van Indiaas eten zijn.
Het kan zijn omdat ik geen andere keuze heb.
Het kan zijn omdat ik het gevoel heb dat ik dat moet doen.
Het kan elk van deze dingen zijn.
En voor schrijvers is dat precies hoe het hoort te zijn.

Als het regent, stijgt er rook op

Haar bruine jasje zweefde voor me.
Het licht op de hoek van 60th en Madison
gaf de stof zijn laatste vleugje kleur.

Ze verdween achter de oranje en wit gestreepte buis.
Uit de gigantische sigaret
spuwde de straat rook.

Hoger en hoger steeg het op.
De hele lucht was mistig.

De kralen verzamelden zich op mijn schouder.
De warme straten koelden af.
De drukte van de dag nam af.

Ik liep naar de metro.
Ik had nog nooit zo'n paarse lucht gezien.

Ik was klaar om naar huis te gaan.
New York City ook.

Hoe graag je ook van iemand wilt houden,
je kunt het niet als diegene je dat niet toestaat.

IJswagenmuziek

Ik werd wakker en zag kinderen op straat spelen.
De wekker ging in de vorm
een ijscowagen.
"Shit!" dacht ik toen ik op mijn horloge keek.
9:44.
"Verdorie! Ik kom weer te laat..."
De avond ervoor ging ik naar bed om een dutje te doen.
Deze dutjes waren altijd bedoeld om een uur te duren.
Soms was dat ook zo, soms niet.
Soms duurden ze tot de volgende ochtend.
Het was niet ongebruikelijk dat ik
meer dan 12 uur te slapen:
van 7 tot 7.
Grote resten oogslijm,
veroorzaakt door contactlenzen,
vertelden me of ik te lang had geslapen.

Dus toen de ijsverkoper begon met het serveren van vanille- en chocolade-twists
, kon ik me alleen maar afvragen: "Waarom is het buiten zo donker?"
Ik ging ervan uit dat er een storm op komst was.
Het leek wel alsof het deze zomer om het uur regende
en de kinderen waren buiten.
Ik pakte mijn telefoon.
Wat zijn dit allemaal voor sms'jes?
Iedereen verveelt zich vast op het werk.
"Verdorie! Kom op, Joe!"
Ik sprong uit bed.
In paniek rende ik naar de douche.
"Moet ik wel douchen? Moet ik een taxi nemen?"
Tijdreisscenario's speelden door mijn hoofd.
"Als ik nu een taxi neem, kan ik er om 10 uur zijn."
10 uur was normaal voor mij,
en in deze hysterie leek het me het beste om zo snel mogelijk naar mijn werk te gaan.
Ik herinnerde me dat mijn baas op vakantie was.

"Ach, even douchen, snel afspoelen, man, en dan wegwezen – als ik om 10.30 uur ben, merkt niemand iets."
Ja, laat maar zitten – verzin een smoes als het moet.
Ik keek nog een laatste keer naar buiten.
"Is er een zonsverduistering?"
Het was zo verdomd donker buiten.
Wacht.
Het was 22.00 uur.
Ik droogde me af en ging weer liggen.
Ik zette mijn wekker.
Binnen 10 minuten hoorde ik niets meer.
Alle kinderen moeten hun ijsjes op hebben.

Terwijl de herinnering brandt

De kaars brandt en de melodie gaat door.
We blijven erin leven.
De lont is op.
We houden vast aan de was.
Vastgekoekt aan
de lantaarn
Het glas
De tafel
onze vingers.
En we luisteren
terwijl de nostalgie zich herhaalt.
We zingen mee.

Incompetente intriganten

Ze wisten dat ik het kon,
maar ik wilde het niet voor hen doen.
Dat maakte niet uit:
ik had de kracht.
Ze wisten het, en ze wachtten om te drinken.
Ze deden het niet meteen.
Ze durfden nooit een slokje te nemen.
Ze zouden nooit de smaak proeven
en ervan leren.
Ze zouden nooit proberen om er alleen mee door te gaan.
In plaats daarvan wachten ze op hun grootste troef
totdat de deadline ongemakkelijk dichtbij kwam,
en hoewel ze tijd hebben,
doen ze er alles aan om druk bezig te lijken.
Te nerveus
Te dom
Dan, net toen het einde naderde, slurpten ze mijn sap op.
Ze gebruikten alles,
alles wat ik had geoefend.
Eén snelle slok.
Weg
Het ergste?
Ik heb nooit gehoord hoe lekker het was.
Het was precies zoals ze hadden gepland:
er werd achteraf helemaal niets over gezegd.
Als ze iets hadden gezegd, waren ze betrapt,
Dus de samenzweerders hebben niets gezegd.

Kunst draait puur om intentie.
Het medium
is slechts een technisch detail.

Afgunst

Vanaf onze geboorte wordt ons verteld dat we iets speciaals hebben.
Elk jaar komen er meer lofbetuigingen bij.
Ons zelfvertrouwen is gebaseerd op het gevoel iets bereikt te hebben.
Het draait allemaal om prestaties.

Al te snel worden de toejuichingen minder frequent.
Voor sommigen is het al lange tijd stil.
De eerste plaats is voor hen nog niet behaald.
En de waarheid is dat we niet weten wanneer het applaus zal ophouden... of beginnen, wat dat betreft,
maar als het weg is – als we eraan gewend zijn...
... zullen we er alles aan doen om het terug te krijgen.

Naarmate de jaren verstrijken, kan het onbelangrijk worden.
Misschien vind je je plek in het leven.
Maar hoe zit het met degenen die geen genoegen nemen?
Hoe zit het met degenen die gehoord moeten worden?
Die gezien moeten worden.
Die gesteund moeten worden.

De manie in ons allemaal wacht om te brullen,
en degenen die je vertrouwt zullen je belang verminderen.
Ze zullen het je afnemen als ze jaloers zijn op je applaus.
Het is een strijd.

Competitie heeft nooit iets met medeleven te maken gehad.
Het zit in ons ingebakken,
net zoals toen we geboren werden.
We willen het vasthouden.
We willen er het maximale uit halen.
Uiteindelijk kunnen we erdoor geobsedeerd raken.

Maar het lijkt allemaal zo onbeduidend als het van ons wordt afgenomen.
Afgunst is de wortel van alle kwaad.
Het heeft niets te maken met
geld
kleding

huizen
auto's
spullen.

Het is uiteindelijk weer een oplichterij,
een truc die druipt van minderwaardigheid,
een blinde vlek tegen jezelf.
De luchtspiegeling blijft alleen bestaan als je het tolereert.
Ik sta mezelf dat niet meer toe.
Nee, ik weet dat ik goed genoeg ben.
Het gejuich is niet meer zo belangrijk
als vroeger.

Iedereen is samen als ze alleen zijn

Het maakt eigenlijk niet uit,
denk ik,
of ik alleen ben
of ik denk dat ik alleen ben.
Om eerlijk te zijn, ben ik liever alleen,
maar er zijn momenten
wanneer ik overweeg om gezelschap toe te laten.
Maar zelfs als er iemand is,
ben ik alleen.
Zij zijn alleen,
maar we zitten daar,
praten we
drinken we wat.
Even houden we onszelf voor de gek,
maar zelfs als we samen wakker worden,
kies ik ervoor om alleen te zijn.
Mijn gedachten dwalen af tussen de gedachten
en beslissingen voor de dag.
Ik weet dat zij hetzelfde doet.
Dus liggen we daar naast elkaar.
Het enige wat ik hoef te doen is om me heen kijken,
maar dat doe ik nu niet.
Ik wil gewoon alleen zijn.

Schrijven als je denkt dat je niets meer over hebt

Vermoeidheid.

Soms is dat het doel.

Het is er.

Het bevindt zich op een plek
waar je nog een beetje energie hebt,

net genoeg om je
beste en meest uitgeklede ideeën eindelijk gevonden kunnen worden.

Terwijl je probeert te ontsnappen aan het leven
en al zijn onzekerheden,
excentriciteiten
en periodes van onzekerheid,
is daar je leven.
En jouw leven,
mijn leven,
iedereen's leven is zo goed.
Het kan zo goed zijn
zelfs als het zo verdomd lijkt.
Het is niet perfect,
het is zo mooi imperfect,
maar als je het aanneemt,
als je in morgen gelooft,
kan het zo goed zijn.
Het kan zo ontzettend goed zijn.

Het beeldhouwwerk is niets anders dan een verzinsel... van de verbeelding van iemand anders

Jezelf aan iemand geven
lijkt ons favoriete gespreksonderwerp te zijn.
We verlangen ernaar.
We zijn er bang voor.
We willen het.

En misschien moeten we het niet doen.
Wat is er mis met alleen zijn?
Alleen, waar je voor jezelf kunt denken,
waar je jezelf kunt definiëren,
waar je jezelf kunt zijn.

Ik ben nog niet klaar om een standbeeld te zijn,
gemaakt en ontworpen door iemand anders,
gemaakt om er perfect uit te zien,
gemaakt zonder zichtbare onvolkomenheden.

Ik vraag me af hoe het er binnenin de standbeelden uitziet,
hun rauwheid.
Ik wil de glans verwijderen
en echt zien wat erin zit.
Die delen worden zelden bekeken.

De meesten zijn bang voor wat ze zullen vinden,
dat er te veel zal worden ontdekt
over anderen
over jou
over mij
Misschien vinden we iets waardoor we weggaan.
Ik denk dat dat de bron is van alle waanzin.
Weggaan zou betekenen dat we alleen zijn.
Misschien willen we daarom onszelf opgeven.
Maar waarom zou je je waarde in gevaar brengen?

Ik vind het prima om alleen te zijn.
Ik ben bereid om geduldig te zijn.
Het maakt me een beetje bang,
maar ik ben oké,
echt waar,
en jij ook.

Weer vast...

Ik kan de gedachte niet verdragen dat ik vastzit.
Vast in een huurovereenkomst.
Vast in een relatie.
Vast in een baan.
Vast met het schrijven van dit verdomde gedicht.

Dat verklaart waarschijnlijk waarom
ik niet naar de universiteit ben gegaan.
Dat verklaart waarschijnlijk waarom
ik me dagenlang, maandenlang zorgen maak na een one night stand.
Het verklaart waarschijnlijk waarom
ik liever schrijf dan dat ik onder de mensen ben.
Ik zou liever helemaal niets geven;
dat zou veiliger zijn.

Maar ik geef er wel om.
Ik maak me zorgen over alle manieren waarop ik vast zou kunnen komen te zitten.
En daarom blijf ik vastzitten.

Ik zit vast met mijn angsten.
Ik zit vast aan mijn vroegere fouten.
Ik zit vast aan het toestaan van mezelf om te lachen om het verleden.
Ik zit vast aan het proberen om weer lief te hebben.
Ik zit vast aan schuldgevoelens.
Ik zit vast aan nog meer schuldgevoelens.
Ik zit vast aan het schrijven.
Ik zit vast aan het geduldig wachten op een publicatie.
Ik zit vast in de angst dat het niet zal gebeuren.
Ik zit vast met de angst dat het wel zal gebeuren.
Ik zit vast aan het omgaan met mijn gedachten.
Ik zit vast met de demonen die
af en toe de overhand krijgen.
Ik zit vast aan het mezelf eraan herinneren om te ademen.
Ik zit vast aan het vastzitten.

Hoe graag iemand ook
zijn lot te beheersen, het is tevergeefs.
We zitten vast aan het onvermijdelijke
de deugdzaamheid van wat het leven ons brengt.
Er zullen dagen zijn waarop we geluk hebben.
Er zullen dagen zijn met tegenslagen.
Er zullen ook dagen zijn die daar tussenin liggen.
Je zult vastzitten.
Ik zal vastzitten.

Vastzitten heeft niets te maken met keuzes in het leven.
Het leven is een vicieuze cirkel van keuzes waar we mee vastzitten.

En net als nu,
net als in de toekomst,
wanneer onze tijd gekomen is,
zullen we het gevoel hebben vast te zitten.

Het gegrom van de mens

Ik grom omdat ik bang ben.
Ik vecht omdat een klein deel van mij hoopt dat ik verlies.
Dan zou het makkelijker zijn, want dan zou ik tenminste
ik niet zou weten wat er na succes komt.
Als ik verlies, is het voorbij,
en
ik zou me niet schuldig voelen omdat ik het niet geprobeerd heb,
maar dan bedenk ik dat ik de beer ben.
Ik ben niet gevoelig voor terughoudendheid.
Nee, zo eenvoudig is het niet.
Ik ben onstuimig en mijn verlangens zijn ongebreideld.
Ik kan niet anders dan gedijen op ambitie.
Ik word gemotiveerd door kleine sprankjes hoop.
Ik zie elke tegenstander als een kans om opnieuw te vechten.
En deze keer
ben ik klaar om te winnen.

Of het nu de vlam is
of de schaduw ervan,
uiteindelijk
komt iedereen terecht in de as.

Verspilde tijd

Doe iets groots met je tijd.
Ga niet zitten spelen op je telefoon,
of televisie te kijken.
Bedenk een idee.
Lees.
Ja, lees alles.
Pak het woordenboek en lees.
Lees de namen van straten.
Ik zie mensen die op het scherm van hun telefoon tikken.
Ze vegen met dezelfde beweging
als wanneer ze bladeren in een boek.
Het zijn marionetten, in de watten gelegd door
door de vernieuwers van afleiding,
verspild.
Er zou zoveel meer kunnen worden gedaan
als slechts een klein percentage van de tijd beter werd benut.
Wat drijft deze klootzakken?
Echt?
Candy Crush?
Klagen vult ook de leegte.
Wrok
Isolatie
IJdelheid
Periodieke momenten van inspiratie
die snel worden onderdrukt door angst
dat het mijn tijd niet waard is
of dat het te moeilijk is.
"Ik krijg het nooit voor elkaar!"
Wat is er gebeurd met geloof?
Wat is er gebeurd met het nemen van een risico?
Ik ga mee met de waanzinnigen,
geobsedeerd
Gek geworden door het gebrek aan inhoud.
Degenen die verdomme voelen!
Degenen die er iets om geven.
Degenen die hun tijd productief gebruiken.
Degenen die dit gedicht niet hoeven te lezen.

Ik weet het niet.
Misschien was zelfs dit tijdverspilling?
Weet je wat...
Ik heb wel wat beters te doen.

Normale schoonheid

De schoonheid die je zoekt, bevindt zich in -
De straten waar je loopt.
De glimlach die je deelt.
De glimlach die je niet verwacht.
De isolatie van gedachten.
De tranen die je laat.
De woorden die je leest.
De momenten die je haat.
De momenten die je liefhebt.
De walging waarvan je liever verlost zou zijn.
De auto die je slaat terwijl je de weg oversteekt.
Het geluid van niets.
Het briefje dat nodig is om de dag te verlichten.
De verandering waar je op hebt gewacht.
De dagen die niet zouden mogen eindigen.
De dagen die wel zouden moeten eindigen.
De zeldzaamheid van het buitengewone.
De overweldigende overvloed van normaal zijn.

Want normaal zijn
is prachtig.

Laat mijn geest spreken

Schrijven is niet wanneer gedachten en herinneringen met elkaar botsen.
Als het makkelijk was,
zou iedereen rondlopen
met een pen en een notitieboekje.

De meeste mensen geven er niet om.
Ze nemen liever niet de last op zich.
Ze durven niet in hun ziel te kijken.
Dat zijn de zelfgenoegzame mensen.
Ik benijd ze.

Mijn geest is veel te koppig.
Hij raast omdat ik dat toestaat.
En tussendoor
drinken
neuken
en het verspillen van mijn gedachten aan andere triviale vluchtpaden...
schrijf ik

We praten met elkaar
en net als iedereen
willen we dat onze stem gehoord wordt.
Ik word zo ontzettend depressief
als ik even niet met mijn gedachten kan zijn.

Maar soms houd ik mijn mond.
Op andere momenten houdt mijn geest zich stil.
En wanneer een van ons luistert,
schrijft mijn hand mee.

Mijn hoofd praat nu.
Dus bel me niet.
Ik maak wat aantekeningen.
Ik wil niet missen wat mijn hoofd zegt.

Ik voel me vrij om 2 uur 's nachts,
wanneer de taxi over
over de Queensboro Bridge rijdt.
Ik leun uit het raam en schreeuw,
ik schreeuw zo hard.
Ik ben niet bang,
ik heb dit gewoon nodig.
Het is de enige kans die ik krijg
tot aanstaande zaterdag.

Genoeg gezegd
Denk niet na,
gevoel.

Trek de pin eruit

Ze dacht dat ik de overhand had,
maar zij had dat.
Ik kon niet in de buurt zijn van iemand die zo geweldig was als zij.
Dat zou te pijnlijk voor me zijn.
Het enige wat ik me kan herinneren is de lengte van haar benen.
Ik denk nog steeds aan die benen.
Mijn hand tussen haar benen.
En toen ze mijn rechterschouder stevig vastgreep
en me waarschuwde dat het te veel was,
was ik bang dat ik haar pijn deed.
Maar dat was niet zo.
Ze wilde het.
Ik vond het heerlijk om haar dat te geven.
Elke stoot leek beter dan de vorige.
Ze ademde zo elegant.
Haar longen waren zo vol.
Ze leefde en ik had het gevoel dat ik haar redde.
Ik kon die verantwoordelijkheid niet dragen.
Dat is een enorme druk voor een man.
Ja, we kunnen doen alsof het ons niets kan schelen,
of alsof je maar een stukje bent,
maar als we weten dat het goed is,
rennen we weg,
we willen weg.
De ziel is een tikkende handgranaat.
Hoezeer we onze partners ook de pin laten vasthouden,
we weten dat er gevaar dreigt.
Dus voordat iemand ons uitdaagt,
gaan we weg,
doen we alsof we ons niet bewust zijn van de sereniteit van het moment,
vertrekken,
om als hyena's door de stad te zwerven.
Schreeuwend, onszelf vermakend.
Vrouwen snappen het niet.
We hebben niet de macht.
Zij wel.
Maar dat geven we pas toe.
Als we het eenmaal weten.
Ze zullen de pin niet trekken.

Reik

Zo laag
en
laag in het vuil
dat zelfs het zien van een ladder je aan het huilen zou brengen
omdat het gat
is te laag.
Het is onmogelijk om eruit te komen.
Tijd
Geduld
Een innerlijke kracht die voortkomt uit het bijna opgeven.
Ik kan me goed inleven in mensen die zich zo voelen.
Ik betwijfel of iemand om hulp vragen
iemands zelfvertrouwen vergroot.
Maar wie zal het zeggen?
De vernedering kan je zo diep doen zinken.
Het kan je laatste restje zelfrespect wegnemen.
Maar wacht even.
Wacht even.
Je zult dit nooit meer voelen.
Vooral als je je niet door anderen laat beïnvloeden.
Kracht komt van degenen die weigeren op te geven,
en waarde komt
van degenen die geloven in
een betere dag
een lichtere dag
een dag waarop de regen alles wegspoelt,
wanneer springen het enige is wat je benen doen,
wanneer je zo hoog reikt,
hoger dan je voor mogelijk hield
hoger dan een plek waarvan je wist dat die bestond.
Het is daar,
het wacht op je.

We spelen met de gedeelde kaarten
door te bluffen tot we quitte spelen.

Ambivalente lust en dan... niets

Ik dacht dat dit voorbij was,
maar het gebeurde toch.
Het was vreemd om het opnieuw te ervaren.
Ik werd wakker
met jouw armen
om me heen, precies zoals het hoorde.

Ik ging weg met de vraag:
hoopte ik op meer?
Maar er was niets.
Het was net als voorheen.
Het is echt balen als dat gebeurt.
Je kunt er niets aan doen.
Een kwetsbare staat van verwachting.
Vragen spoken door je hoofd.
Gedachten die waren verdwenen, komen weer terug.
Gevoelens worden wispelturig door romantiek in twijfel te
trekken.
Dat lijkt de algemene gang van zaken te zijn.
Het kan alle kanten opgaan.
Er is een kleine opening.
Ik ben bang om die te benutten.
Het voelt misschien goed, maar mijn verleden houdt me tegen.
Het weerhoudt me ervan om verder te gaan.

Toen het tijd was om te vertrekken, zeiden we niets.
Net als de vorige keer.
Het was niets.
Het zou niets zijn.
Het zal niets zijn.
Nou ja, het zal niets zijn... totdat ik het moment nog een keer
probeer.

Op weg naar Hartford

De bus stopt - rijdt verder - stopt - wacht.
De lucht wordt blauw, grijs en zwart.
Iedereen probeert ergens te komen.
Het gezin
Een vriendin
Een nieuwe baan
Sommigen proberen gewoon weg te gaan,
zonder een bestemming in gedachten.
Nomaden
op een andere reis,
een andere plek,
overal behalve hier.

Wandelende

Het ergste aan vader zijn in NYC?
Dat is toch wel het sjouwen met een kinderwagen de trappen van de metro op.
Als ik aan het vaderschap denk,
is dat het eerste waar ik aan denk,
dat ik hem mee moet slepen en door de tourniquets moet manoeuvreren
terwijl passagiers je aankijken en denken:
"Kom op, man, neem een taxi!"
"Wat probeer je te bewijzen?"
"Wat? Denk je dat je een goede vader bent of zo?"
"Ja, echt?"
Ik weet het niet.
Het lijkt alleen alsof ze een kinderwagen bij zich hebben.
Ik denk dat ik ze maar met rust moet laten,
want dat hoort zo.

De woorden die we schrijven
zijn vaak beter
dan de woorden die we spreken.

De meeste stappen zullen onevenwichtig zijn

De weg kan glad lijken, zelfs als het droog is.
Soms zijn aanwijzingen niet zo duidelijk
als we zouden willen.
Maar
we blijven lopen.
Ja, we moeten blijven lopen,
hoe vaak we ook vallen.
Afgezien van alle fouten, tegenslagen en ongelukken,
willen we liever – nee, we moeten – doorgaan.

Als we eenmaal succes hebben gevonden,
denken we niet aan uitglijden,
maar dat zullen we wel doen:
achter elke hoek van succes
ligt een weg te wachten.
Die weg is vol pijn en wanhoop.

Geen wonder.
Ik heb te veel mannen zien wachten tot de weg vrij was.
Als ze een verzonnen gladde weg voor zich zien,
wachten ze tot hij vrij lijkt.
Een voorzichtige geest is een gekke geest.

Het is een trieste dag als iemand stopt.
Uiteindelijk zal hij zich in de hel wensen dat hij was doorgegaan.
Het is een schande.
Hij kan alleen zichzelf de schuld geven,
maar hij zal de straat voor altijd de schuld geven.

Aussie Girl en Frank

Het Aussie Girl was dol op Frank.
Zijn uiterlijk was genoeg voor haar.
Ik herinner me nog dat mijn uiterlijk genoeg was.
Het haar wordt dunner,
mijn buik is wat ronder geworden.
Sporten is niet langer een hobby.
Het is een noodzaak geworden,
een manier om de schijn op te houden.
Anders zullen ze snel afnemen,
zoals ze dat al doen sinds hun 28e.
Misschien is het gewoon een moment van vijandigheid.
Dat gebeurt wel vaker.
Maar morgen ga ik naar de sportschool.
Of, fuck it:
Misschien ga ik gewoon schrijven.
Frank doet dat helemaal niet.

Zet je schrap

Vastgelegd door eenzaamheid,
gaat het erom manieren te vinden om niet alleen te zijn.
We streven ernaar om deel uit te maken van een gemeenschap.
Liefde zelf wordt gebruikt als zekerheid,
een manier om te bevestigen dat we niet alleen zijn.
Maar we zijn alleen - zelfs als we omringd zijn.
Dat is iets wat we niet kunnen veranderen,
net als kiezelstenen in een beek
of een grasssprietje in een veld.
Elk onderdeel is alleen.
Prachtig gesegmenteerd.
We moeten niet proberen iets anders te zijn
behalve
onszelf.

Alleen de wilden
zijn dapper genoeg
om
de onmetelijkheid van dit alles.

Een stroom van bewustzijn moet soms droog zijn

De opkomst van vanochtend was de puurste tot nu toe.
Vandaag had er niets dan glorie moeten zijn.
Gisteravond was perfect – zij was perfect.
Perfect.

Ik was gebrekkig.
Ik was net zo gebrekkig als altijd.
En zij luisterde terwijl
ik op de bar tikte.
Ik had een doorbraak.
Ik was angstig.
Niet omdat ik nerveus wilde zijn,
maar omdat ze begreep hoe nerveus
ik was, over mijn werk... over haar.

Tik
Tik
Tik
Het gemompel veranderde in onzinwoorden.
Mijn tekortkomingen en visioenen van morgen
vermengden zich met de verwachting van haar,
van alles wat geweldig zou zijn geweest,
maar ik wist niet hoe ik ermee om moest gaan.

We vertrokken op een goed moment.
We zijn samen vertrokken.
We vertrokken op een goede plek.
"Wij."
Het is fijn om dat te kunnen zeggen.
Het lijkt steeds moeilijker om dat te zeggen.
Samen zijn gebeurt niet vaak genoeg.
Als we dat wel doen, kan het moeilijk zijn om daarmee om te gaan.

Ik wou dat ik het in een fles had kunnen stoppen,
een tijdcapsule van puurheid,
een omweg van de mix van onzekerheden.
Dat is wat ik toen dacht.
Dat is wat ik zocht.
Dat is waar we allemaal naar op zoek zijn.

Maar terug bij haar thuis
was de nervositeit aanwezig,
De verwarring was zenuwslopend.
Het had allemaal met alles en niets te maken.
Het zat allemaal in mijn hoofd.

Ik wilde er niet mee omgaan.
Ik wilde ontsnappen.
Ik wilde daar niet zijn.
Ik wilde dit niet verpesten.
Dat deed ik ook niet.
Nee, ik hoop dat ze weet dat ik dit nooit wilde verpesten.

Dit is iets wat alleen dromers kunnen ervaren.
Voorbestemd voor de schoonheid van vrede,
kan de geest eindelijk slapen
zonder de druk van de wereld,
van ervaringen uit het verleden,
invloeden,
van alles wat op zichzelf rust.

De stortvloed van twijfel aan jezelf is een dodelijk beest.
Het kan pijn doen.
Het kan de schoonheid van het leven verpesten.
Het kan verkeerd worden geïnterpreteerd.
Dat kan.
Dat kan echt.

De volgende ochtend was het duidelijk te zien.
Er waren ongelukjes.
Ik had spijt.
En het trieste is dat dat niet nodig was geweest.
Die verdomde drank.
We haastten ons en het was verwarrend.

Ik had de schoonheid van alles verpest.
De vlek had iets meer memorabels achtergelaten.
Wat nooit vergeten had mogen worden
was als eerste verdwenen.

Dat is het trieste van de meeste dingen.
Dat is het probleem met alles.
Het komt allemaal neer op de dingen
die niet herinnerd zouden moeten worden.
De momenten waarop we onze remmingen verliezen.
De momenten waarop we niet zouden moeten stilstaan
bij de slachtoffers van onze daden.
Maar dat zijn juist de momenten die we ons het beste herinneren.
Niet omdat we dat willen,
maar omdat ze de meeste indruk op ons maken.

Dus blijven we erbij stilstaan.
We vragen ons af.
We hebben spijt.
We hopen.
We wensen.
We willen.
We verlangen.
We ... nou ja, we zitten gewoon.
We zitten en denken na.

En vragen ons af of dingen kunnen veranderen.
Of hoop iets meer intellectueels is dan een fantasie.
Misschien kunnen de dingen weer naar het licht terugkeren,
waar we kunnen geloven dat de waarheid
ons echt zal bevrijden.

Dat de remmingen van onze tekortkomingen ons vooruit zullen helpen.
Mensen zullen naar ons kijken om wie we zijn,
en niet om de fouten die we hebben gemaakt.
Ze zullen ons zien in een puur moment, en niet in een moment
dat beïnvloed is door de dingen die we misschien hebben gedaan
of gezegd.

Jezelf kennen is de grootste uitdaging.
Het is iets waar we naar streven,
maar het duurt eeuwig om het echt te ontdekken.

Dat is zo, nietwaar?

En dat is oké,
want we zijn niet eenvoudig.
We zijn complex.
Alles wordt afgekapt door het bestaan
van iets dat eraan voorafgaat.
Het verleden is een beest dat ons bijt in tijden van hoop.
Het is de tijd die onze mogelijkheden beperkt
en onze vooruitgang tot stilstand brengt.
Het is slopend – dat is het – elk deel ervan.

Maar ik wou dat ik bij haar kon zijn.
De interactie,
de tijd van troost,
het was er allemaal,
maar dat is niet te zien:
het was wazig.
Misschien zal het nooit duidelijk worden.

Ik ken de blik van iets dat zo echt is als een lauw ree dat verlangt
naar de verwachting dat iets zal blijven bestaan.
Zelfs als ze doodsbang is.
Zelfs als ze zichzelf niet wil toestaan
geloven dat het mogelijk is.
Zelfs als de eerdere schade er nog is.
Zelfs als...

Ik denk dat dat de basis is voor dit alles -
Het 'als'
De kans
De mogelijkheid
En dat is waar ik weet dat er een mogelijkheid is.

Als ik erin geloof,
als ik het echt wil
kan ik het laten gebeuren.
Niets anders doet er toe.

Het komt allemaal voort uit de brandende golf
van de kolen die van binnen flikkeren.
Het is er,
het is er altijd,
en het zal oplaaien,
het zal vlammen,
en het is aan ons om dat toe te laten.
Zelfs als de kou lijkt af te nemen,
moeten we in de vlam geloven.

Ik kijk ernaar.
Ik hoop dat zij dat ook doet.
Ik hoop...
Maar zelfs als ze dat niet doet,
voel ik me gelukkig omdat ik weet dat het kan ontbranden.
Het is koud geweest in mijn buik.
Ik zou willen dat het vuur weer zou gaan branden.
Misschien als ze het op mijn manier kan zien,
zal het weer gaan branden.

Hoop is alles wat we hebben.
Het is een carnavalkaartje, man.
Het is meestal een slechte deal,
maar af en toe,
wanneer je het het minst verwacht,
blijkt het de beste ervaring van je leven te zijn.

Dat zijn de momenten waar ik aan denk.
De momenten van hoop.
De momenten van subtiele angst vermengd met puurheid.
Dat is waar ik aan denk.
Ik hoop het gewoon.
Echt waar.
Ik hoop dat zij dat op een dag ook kan.

Ze heeft alle capaciteiten.
Ik heb alle kansen om het te verpesten.
Deze keer weiger ik dat.
Dat doe ik.
Nee, deze keer ga ik het proberen.
Deze keer laat ik het oplaaien.
Deze keer geloof ik erin.
Deze keer.
Met haar.
Haar.
Alleen
haar.

De strijd is niet echt

Iedereen wil meeleven.
Iedereen heeft een verhaal nodig.
Iets om de waarde van hun leven te bevestigen.
Zonder dat lijkt hun succes niet zo verdiend.
Het is slechts een verwachting,
en niet iets waar ze voor gewerkt hebben.

Koffiepauzes

Ik ben liever misleid dan geminacht.
Alles is tijdelijk –
zelfs deze koffie zal snel op zijn –
de metro-sandwich –
het I Love NY-T-shirt...
Verpakt door afleiding –
apps maken om ons af te leiden.
Vooruitgang wordt belemmerd door het onvermogen
dat we onszelf afleiden.
Starend naar vreemden.
Gissen.
Meer in hen willen zien dan onszelf.
Ervan uitgaan dat zij meer te bieden hebben.
Bang dat we ons potentieel niet waarmaken.
Nippen.
Nog een beetje suiker toevoegen.
Terug naar de realiteit, net als iedereen.

Of je nu wint of verliest, een stukje van jezelf gaat verloren.

Een mooie taartkorst

Een winnaar qua uiterlijk,
een sterke kaaklijn met een wasbordje.
Een slachtoffer van ijdelheid.
Mollig, zonder kin en met een randje rond het midden.
Er is niets erger dan er goed uitzien,
wat dat ook mag betekenen.
Mensen vertrouwen erop.
Sommigen smeken erom.
Het is een wanhopig, treurig gezicht,

een steunpilaar die mettertijd afbrokkelt,
ontkenning die
groeit tot in het graf.
We zoeken oprecht naar manieren om
de ijdelheid van het verleden na te streven.
We zijn verwikkeld in een voortdurende strijd
om de aantrekkingskracht te vernieuwen die...
niets.

Een leven gebaseerd op subjectiviteit.
Een mening over uiterlijkheden.
Een compromis.
Een misvatting.
Een tekortkoming.

We zijn onder de indruk van mensen die zich minderwaardig
voelen
dan de meest afschuwelijke gezichten die er zijn.
We worden omringd
door afleiding,
door bekrompen geesten
en door lege zielen.
Verloren zielen.
Verlangende zielen.
Iets verlangend, naar alles smachtend.
Wensend dat ze iets te bieden hadden
behalve een mooi gezicht,
schoon, puur en zonder littekens.

Alleen leegte

gebaseerd op een smaakloos verhaal.
Een taartbodem die gevuld moet worden.
Smakeloos, met net iets te weinig.

Ik draag de schaamte

Op onze eigen manier redden we het wel.
We hebben er allemaal mee te maken,
een aanhoudend gevoel van teleurstelling
als een zeepok op een rots in zee.
We vergeten het.
Onze façade wordt erdoor veranderd,
de onuitgesproken schaamte van het verleden,
de spijt ervan,
de bewondering voor degenen die
het ook hebben meegemaakt.

Het kan weer gebeuren.

Misschien moet je de gezichten van twijfel zien.
Misschien moet je 's ochtends je eigen gezicht onder ogen zien.
Dat is het ergste ervan,
je afvragen.
We dragen allemaal de schaamte van het verleden met ons mee.
Hoe ga je dat verbergen?

Vrijheid

Rode vos rent

Er is een rode vos die me volgt.
Niemand anders kan hem zien.
Ik praat niet veel over de vos.
Ik vermoed dat als ik dat wel zou doen, anderen me gek zouden noemen.
Maar de rode vos houdt me in de gaten.
Zelfs op de meest besneeuwde dagen
kan ik zijn rode vacht zien door
de neerslaande vlokken van glorie.

We zien elkaar nooit in de ogen.
Hij gromt af en toe naar me,
vooral wanneer hij mijn kwetsbaarheid voelt.
Hij denkt waarschijnlijk dat ik het zal opgeven.
Hij denkt waarschijnlijk dat ik hem zal vergeten.
Maar ik sta mezelf nooit toe om te somber te worden.
Nee, als ik dat zou doen,
zou de rode vos misschien weggaan.
Dat kan ik niet laten gebeuren:
hij moet over me waken.

Soms probeer ik hem te slim af te zijn,
maar zo snel als zijn staart bij de lichtste aanraking zwaait,
rent hij weg.
Hij doet dit met opzet.
Hij laat me alleen even toe,
een kortstondige glimp van volmaakte zuiverheid.

Ik zie mezelf terwijl de rode vos wegrent.
Hij laat me blijven jagen.
Ik weet dat ik hem op een dag zal vangen.

Liefde is een prachtige vergissing

Foto: Ryan Marcus

De auteur

Joseph Adam Lee schrijft als een man die met zijn rug tegen de muur staat. Als Frans-Amerikaan uit het fabrieksstadje Lewiston, Maine draagt hij de littekens van de arbeidersklasse in elke regel met zich mee. Nu hij de boel op stelten zet in New York City, drinkt hij, schrijft hij, bloedt hij — omdat geen enkele poortwachter hem ooit toestemming heeft gegeven.

Contactgegevens

E-mail: joe@therebelwithin.com
Website: www.josephadamlee.com
Instagram: @joseph.adam.lee

Brieven en pakketten

Red Fox Runs Press
C/O Joseph Adam Lee
909 3rd Avenue
#127
New York, New York 10150
Verenigde Staten

www.ingramcontent.com/pod-product-compliance
Lightning Source LLC
Chambersburg PA
CBHW051722040426
42447CB00008B/930

* 9 7 8 1 9 4 6 6 7 3 7 9 4 *